타성에 젖어있는 그룹을 위한

파워 네트워킹

톰 슈레이터 지음 | 권지은 옮김

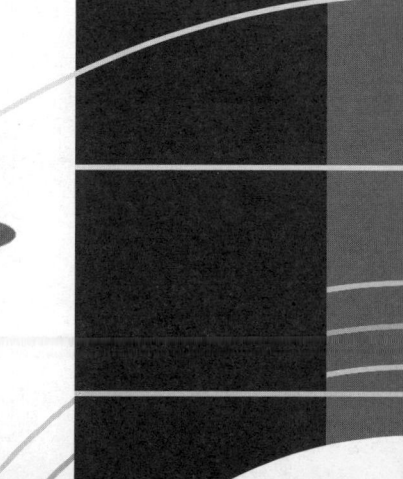

아름다운사회

How To Create A Recruiting Explosion

타성에 젖어있는 그룹을 위한
파워 네트워킹

타성에 젖어있는 그룹을 위한
파워 네트워킹

1판 1쇄 인쇄/2002년 08월 05일
1판 1쇄 발행/2002년 08월 10일

지은이/톰 슈레이터
옮긴이/권지은
발행인/박창조
발행처/아름다운사회

등록일자/1995년 7월 19일
등록번호/제5-180호

경기도 하남시 감북동 344-10(465-180)
대표전화/(02)488-4638 팩시밀리/(02)488-4639
홈페이지/http://www.bizbooks.co.kr
E-mail/scj200@naver.com

ISBN 89-89724-50-3(03320)

값 6,000원

차례

타성에 젖어있는 그룹을 위한
파워 네트워킹

타성에 젖어 있는 그룹에 힘을 불어넣는 법

당신의 그룹은 지금 너무나 타성에 젖어 있지는 않습니까? 그래서 '힘내서 분발합시다!' 라고 말을 해도 별다른 반응이 없지는 않습니까?

매주 갖기로 한 미팅에는 늘 나오는 세 사람만 참석하고 모여서 하는 이야기는 대부분 회사의 정책과 행복했던 옛 시절에 관한 것뿐은 아닙니까?

물론 당신의 그룹에는 많은 사업자들이 있지만 팀 분위기가 더 이상 아무것도 하려하지는 않습니까? 그리하여 당신의 그룹은 이미 성장을 멈춰버렸고 그 규모는 매달 조금씩 줄어들고 있지는 않습니까?

심지어 지난번 당신이 제안한 특별미팅에조차도 늘 참석하는 똑같은 사업자만 참석하지는 않았습니까?

그룹의 분위기는 착 가라앉아있고 뭔가 새로운 제안을 해도 사람들의 반응이 시큰둥하지는 않습니까?

네트워크 마케팅을 전개하는 그룹은 천차만별입니다.

하지만 결과적으로 계속 성장하느냐 아니면 위축되느냐 둘 중의 하나일 뿐입니다.

만약 당신의 그룹이 성장하고 있지 않다면 당신에게 뭔가 문제가 있는 것입니다.

당신의 그룹이 점점 축소되어 결국에는 사라지게 만들고 싶습니까?

만약 그렇다면 그렇게 하는 것은 매우 간단합니다. 하던 일을 멈추고 그저 바라보기만 하면 되는 것입니다. 그러면 당신의 그룹은 다음과 같은 과정을 거치게 될 것입니다.

① 신규 사업자들이 미팅에 참석하는 게 줄고 있고 사업의 평가를 나름대로 판단하기 시작한다.

"여기서 잠깐 우리의 비즈니스 상태를 평가해 보는 것이 어때? 내가 볼 때, 나는 좀 쉬면서 내 사업을 되돌아보는 것이 더 좋을 것 같은데 말이야."

② 이제 그룹의 규모가 줄어드는 것을 지켜본다.

불행하게도 평가를 한다는 것은 네트워크 마케팅 사업을 전개하는데 있어서 적절치 못한 일이다. 오직 계속해서 새로운 소비자 고객을 확보하고 그들에게 이 사업의 비전을 심어나가는 것만이 사업을 성장시키는 비결이다.

③ 그룹의 규모가 줄어들면 소극적인 자세를 취한다.

그룹의 규모가 줄어들기 시작하면 누구나 벼랑 끝에 몰린 듯한 기분을 느끼게 된다. 그리고 점점 위축되어 소극적인 자세를 보인다. 그러면 더욱더 규모가 줄어드는 악순환이 반복되는 것이다.

④ 상당한 규모의 감축이 초래된다.

그룹은 그 그룹의 리더십에 따라 반응한다. 따라서 리더가 소극적인 태도를 취하면 그룹의 사업자들 역시 같은 태도를 취하게 된다. 이렇듯 소극적인 태도가 지속되면 소극적인 결과만을 얻게 될 것이다. 즉, 규모가 작아지면 작아질수록 새로운 회원은 더욱더 줄어들고 만다.

⑤ 소극적인 태도가 굳어진다.

당신은 그룹에 쇠퇴와 무기력이 퍼져가는 것을 분명히 알아챈다. 그리고 비로소 현실을 직시하게 된다.

⑥ 비참한 결과를 예측하기 시작한다.

지속적으로 줄어드는 그룹의 규모, 소극적인 태도 그리고 동기부여 활동의 부족으로부터 당신은 곧 좋지 않은 일이 일어날 것임을 예상하게 된다.

⑦ 규모의 축소가 가속화된다.

당신의 예상이 척척 맞아떨어지기 시작한다. 축소된 규모는 더욱더 소극적인 태도를 낳고 이것은 다시 규모를 축소시키며 이로써 더 소극적인 태도를 낳게 된다.

⑧ 죽음의 행진이 시작된다.

다음번 미팅에서 그나마 늘 성실하게 참석하던 세 명의 사업자들은 그룹의 사업이 하향 길로 들어서 있으며 그나마 곧 사라지고 말 것이라는 점을 확신한다.

저는 지금 지극히 현실적인 문제를 다루고 있습니다.
다시 말해 우리의 사업이 위의 시나리오대로 이루어질 가능성은 항상 존재하는 것입니다.
그렇다면 어떻게 해야 열정과 창의력과 추진력을 길러나갈 수 있을까요?

지나치게 분석적인 태도와 과도한 계획이 그룹을 마비시키는 결과를 초래할 수도 있다는 사실을 저는 잘 알고 있습니다.
따라서 초점을 그룹의 성장 패턴을 증강시킬 수 있는 특정한 힘을 기르는 곳에 맞추어야 합니다.
사람들의 열정을 이끌어내는 것은 바로 '지속적인 성장' 입니다.
즉, 사람들은 긍정적인 일이 반복적으로 일어날 때 흥분하는 것입니다.
모든 사람들은 성공한 사람들과 관계 맺기를 원합니다.
따라서 그룹의 성장을 위해 우리가 할 수 있는 유일한 방법은 계속해서 새로운 사람들을 참여시키는 것입니다.

일단 타성에 젖기 시작한 사업자들로 하여금 새로운 마음가짐으로 일하도록 독려하는 것은 거의 불가능한 일입니다. 매너리즘에 빠지기 시작하면 현대의학으로도 치유하기가 어렵습니다. 결국 반복적인 트레이닝과 미팅을 갖는 것이 잠깐 동안의 자극을 줄 수 있을지는 몰라도 그러한 방법으로 그룹의 지속적인 성장을 기대하기는 어렵습니다.

물론 우리는 그룹의 리더로서 단순하고 작은 경쟁심을 유발하는 자극적인 상황을 연출하여 최소한 7일 정도는 열정과 창의력 그리고 추진력을 조절할 수는 있습니다.

하지만 모든 경쟁이 늘 효력을 발휘하는 것은 아닙니다. 바로 이 점이 열정의 창출과 관계된 핵심적인 사항입니다.

수많은 리더들이 경쟁체제를 도입하고 있지만, 정작 이들 가운데 경쟁을 통해 원하는 결과를 얻기 위한 필수적인 원칙에 대해 알고 있는 사람은 거의 없습니다.

그러면 왜 그토록 많은 경쟁체제들이 명예가 아닌 치욕의 전당을 만들어내고 있는지 그 원인을 살펴보기로 합시다.

① **오직 한 사람만이 승리한다.**

만약 당신의 그룹에 특별한 능력을 갖춘 사업자가 한 명 있다면, 그를 제외한 나머지 사람들은 그 경쟁에 참가

하나마나가 되어 버립니다. 이들은 어떠한 상황에서든 그 뛰어난 사업자가 1등을 할 것이라고 단정하게 됩니다.

그러니 누가 도전을 하겠습니까?

경쟁에 열을 올리는 사업자가 한 사람 밖에 없을 때 그 결과는 뻔한 것입니다. 가장 좋은 경쟁방식은 모든 사람들에게 승리의 가능성을 열어두는 것입니다. 그래야만 모든 사람들이 도전의식을 갖고 임할 수 있으며 그것은 또한 당신이 원하는 것일 겁니다.

그리고 그렇게 되면 경쟁을 도입한 본래의 취지를 살려 생산적인 활동을 증가시키고 그것은 곧 유익한 결과로 이어지게 됩니다.

② 실현 불가능한 목표를 설정한다.

만약 사람들이 경쟁에서 승리하기 위한 조건을 두고 불가능한 것이라고 생각한다면, 그 누구도 도전하려 하지 않을 것입니다. 그럼에도 불구하고 너무도 많은 리더들이 더 많은 이익을 위해 비현실적인 기준을 설정하고 있습니다.

그러면 아무도 도전하려 하지 않기 때문에 자신이 의도한 것과 정반대의 결과를 낳을 수밖에 없습니다.

③ 장기적이고 실용적인 면에서 볼 때, 전혀 쓸모가 없는 활동을 요구한다.

예를 들면 미팅에 대한 참여 여부를 성공의 조건에 즉

각적으로 반영하는 경우가 있습니다. 예비사업자와 함께 참석하는 것이 아니라면 매번 미팅에 참석하는 것은 그다지 생산적인 일이 아닙니다. 다시 말해 경쟁의 조건은 미팅에 대한 참석 횟수에 두는 것이 아니라 얼마나 많은 예비사업자를 데리고 참여하느냐에 두어야 하는 것입니다.

이밖에도 생산적인 목표를 달성하기 위해 도입된 경쟁체제가 부적합한 활동을 강요하는 경우가 많이 있습니다.

④ 경쟁기간이 너무 길다.

일반 사람들과 마찬가지로 사업자들은 장기적인 계획 속에서 행동하는 것이 아니라, 단기적인 계획을 통해 행동하는 경향이 있습니다. 1년 치의 계획을 미리 세워두고 행동하는 사람이 몇 명이나 되겠습니까?

만약 당신이 2주일이 넘는 기간을 계획한다면 사업자들은 13일째나 되어서야 움직이기 시작할 것입니다. 물론 리더들을 대상으로 한 경쟁의 경우에는 1년 정도의 경쟁기간을 설정하고도 성공한 사례들이 있지만, 우리가 상대하는 사람들은 대부분 아직 충분한 동기부여가 되어 있지 않은 초기 사업자들이라는 것을 명심할 필요가 있습니다.

이들이 원하는 것은 즉석에서 결과를 확인하고 즉각적인 보상을 받는 것입니다. 따라서 경쟁기간을 단 몇 시간 만에 끝날 정도로 짧게 하는 것은 상관없지만, 한 달을 넘어가는 것은 피해야 합니다.

⑤ 경쟁의 과정보다 그 결과에만 집착하게 된다.

수많은 리더들이 바람직한 결과를 이끌어내는데 골몰하지만, 정작 중요한 것은 어떤 결과를 낳느냐 하는 것이 아니라 어떤 방법으로 그 결과를 이끌어내느냐 하는 것입니다. 우리가 원하는 것은 사업에서의 높은 생산성입니다. 그렇기 때문에 생산성이 가장 뛰어난 사람에게 상을 주겠다고 할 수도 있지만, 이것은 우리의 목표에 접근해가는데 있어서 바람직한 방법이 아닙니다.

왜 그럴까요?

그것은 우리가 사업자들에게 그 목표에 이르기 위한 방향을 일러주지 않았기 때문입니다. 따라서 우리의 사업자들은 자연히 보다 커다란 생산성을 이끌어낼 가장 좋은 방법과 계획을 생각하느라 며칠을 고민하게 될 것입니다.

보다 많은 제품을 알리는 가장 좋은 방법은 더 많은 사업자들을 확보하는 것입니다. 사업자들은 제품을 판매할 뿐만 아니라 자신들이 직접 소비하기 때문에 이들의 증가는 곧 판매의 증가로 이어집니다. 따라서 더 큰 생산성(목적)을 이끌어내는 가장 좋은 방법은 더 많은 사업자(수단)를 확보하는 것입니다.

그러므로 신규 사업자를 끌어들이는 것에 경쟁의 초점

이 맞춰져야 합니다. 그러면 생산성은 자연히 높아지게 됩니다. 이때 우리가 할 일은 사업자들이 무엇을 해야 하는지를 알려주는 것입니다. 그러면 이들은 무엇을 해야 할지를 생각하느라 귀중한 시간을 낭비하지 않아도 될 것입니다.

⑥ 내면적 동기부여에 대한 이해가 부족하다.

많은 리더들이 '사업자들은 경쟁에서 이기기 위해 열심히 일할 것'이라고 생각합니다. 과연 그럴까요? 경쟁에서 이기는 것은 경쟁에 참여하는 사람들에게 있어 최우선적인 행동 동기가 아닙니다.

그렇다면 사람들이 가장 원하는 것은 무엇일까요?

그것은 바로 인정받는 것입니다. 사람들은 단순히 이기기 위해서가 아니라 인정받기 위해 더욱더 열심히 그리고 꾸준히 일합니다.

그리고 그것은 곧 생산성의 증가를 의미합니다.

이렇듯 생산적인 노력을 이끌어내는 것은 단지 인정받고자 하는 욕구입니다. 그리고 이러한 경쟁은 비용이 거의 들지 않으면서도 높은 생산성을 이끌어낼 수 있습니다.

⑦ 기술 습득에 별다른 도움이 되지 않는다.

어디까지나 경쟁의 초점은 비즈니스 네트워크 구축에 맞춰져야 합니다. 그러면 사업자들은 비즈니스에 필요한 기술을 얻고 실천하게 될 것입니다. 이때, 경쟁이 끝나면 우리는 판매실적의 신장뿐만 아니라 사업자들에게 실전 트레이닝을 시키는 일석이조의 효과를 거둘 수 있습니다.

이런 식으로 경쟁의 규칙들을 나열하자면 끝이 없겠지만 이후에 제시할 세 가지 규칙을 적용한다면 성공적인 경쟁을 이끌어낼 수 있습니다.

이 경쟁 방법은 위에서 제시한 원칙들을 통해 경쟁자들의 참여도를 높이기 위한 것으로 이것을 통해 열정과 창의력 그리고 추진력을 증진시킬 수 있을 것입니다.

사실, 우리의 사업에서 이 세 가지만 성공적으로 유도해 낼 수 있다면 더 바랄 것이 없을 것입니다.

이제 당신에게 두 명의 직속 다운라인 사업자가 있다고 가정해봅시다.

이들은 벌써 몇 달째 한 사람도 그룹에 참여시키지 못한 상태입니다. 이 경우, 당신이 처음으로 그 두 사람을 확보했을 때 얼마나 기뻤는지를 회상해본다면 이들에게 새로운 사업자를 확보하도록 해주었을 때, 이들이 얼마나 흥분할 것인지를 쉽게 상상할 수 있을 것입니다.

그러므로 당신은 가능한 한 빨리 이들이 새로운 사업자를 확보하도록 도와주어야 합니다.

경쟁의 규칙들

두 명의 1단계 사업자들은 반드시 한 사람의 새로운 사업자를 후원해야 합니다. 그 후 이들은 각각 자신의 다운라인이 회원을 확보할 수 있도록 도와주어어야 합니다. 이것은 곧 당신의 새로운 사업자를 확보하게 되는 것을 의미합니다.

경쟁에서 인정받기 위해 중요한 일은 자신으로부터 이뤄지는 소비자 그룹 구축 시, 수평으로 넓은 네트워크 구축 보다는 수직으로 깊은 네트워크를 구축해 나가야 한다는 것입니다.

이 경쟁에서 승리하기 위한 가장 좋은 방법은 한 사람을 지속적으로 후원해주는 것입니다. 그리고 새로 확보한 사업자에게 이 사업에 대해 설명해주고 어떻게 하면 그의 밑에 새로운 사업자를 확보할 수 있는지를 말해주는 것입니다. 그 다음에는 그 새로운 사업자에게 한 사람을 소개해달라고 부탁한 다음 재빨리 소개받은 사람을 사업에 참여시켜야 합니다.

이렇게 하면 뎁스(깊이)의 네트워크 망을 구축하는 데 불과 며칠 밖에 걸리지 않습니다. 더구나 이 방법은 전혀 힘든 것이 아닙니다. 왜냐하면 어떤 사람이든 단 한 사람씩만 소개해주면 되기 때문입니다.

당신은 이 경쟁이 진행되는 동안 경쟁자들 중 누군가가

도움을 요청하면 기꺼이 그를 도와주어야 합니다.

왜 이 경쟁이 효과적인가?

첫째, 당신의 경쟁자들은 자신들이 결코 혼자가 아니라는 것을 느끼게 됩니다. 그들은 언제든 당신의 도움을 받을 수 있다는 믿음이 있기 때문에 의욕이 배가될 것입니다. 왜냐하면 무슨 일이든 혼자서 하는 것보다 둘이 하는 것이 더 쉽고 효과적이기 때문이죠.

둘째, 경쟁자는 단지 한 사람만 확보하면 됩니다. 만약 누군가에게 며칠 안에 여섯 명의 새로운 사람을 확보하라고 말한다면 그것은 대단히 어려운 일로 느껴질 것입니다. 하지만 단 한 사람을 확보하고 그 사람을 후원해줌으로써 당신의 사업자는 자연스럽게 6단계의 네트워크 망을 구축할 수 있습니다.

셋째, 이 경쟁의 1차적인 목적은 풍부한 동기부여와 자신감 확립입니다. 그리고 이를 통해 더 많은 사업자의 확보와 더 많은 제품 판매라는 궁극적인 목적을 자연스럽게 달성할 수 있는 것이죠. 그 궁극적인 목적의 출발점은 단 한 사람의 사업자를 후원하는 것입니다. 그리고 당신의 사업자가 하나씩 늘어가는 사람을 보며 자극 받기 시작할 때, 당신의 그룹은 폭발적인 성장을 이룰 수 있게 되는 것입니다.

넷째, 결과적으로 경쟁에 참여한 모든 사람이 승리자가

됩니다. 비록 경쟁에서 이기지 못한다 할지라도 그 과정에서 확보한 사람들을 통해 반드시 뭔가를 얻게 되기 때문입니다.

다섯째, 경쟁의 효과가 장기간 지속되기 마련입니다. 경쟁과정에서 확보한 사업자들이 소비하고 판매하는 제품을 통해 매달 소득을 올릴 수 있습니다. 그리고 이를 통해 의욕을 상실했던 처음의 두 사업자들도 다시 활력을 되찾을 수 있습니다.

여섯째, 이 경쟁은 얼마든지 반복해서 사용할 수 있습니다. 매달 이 경쟁을 실시했을 경우 얻게 될 엄청난 결과를 상상해 보십시오.

일곱째, 경쟁기간이 짧고 재미가 있습니다. 때로 이 경쟁은 하루 혹은 이틀 만에 끝나기도 하는데, 이것은 사업자들에게 신속한 행동의 필요성을 심어주게 됩니다.

여덟째, 경쟁이 끝났을 때 참여자들은 새로운 사람들을 발굴하는 능력을 갖게 됩니다. 또한 단기 목표의 성공적인 완수를 통해 자신감을 얻을 수 있습니다.

그룹에 활력을 불어넣기 위한 경쟁은 이밖에도 많이 있지만 지금 소개한 경쟁 방법에는 성공적인 경쟁을 위한 기본적인 규칙들이 포함되어 있습니다. 따라서 이 경쟁에 참가

하는 사람들의 창의력과 신속한 행동은 전체 그룹에 활력을
불어넣게 될 것입니다. 그리고 그 무엇보다 이 경쟁은 모든
사람을 승자로 만들게 될 것입니다!

최종 설문지

미팅이 끝날 무렵, 당신의 설명을 모두 듣고 난 예비사업자가 '글쎄요, 한 번 생각해 보죠' 라고 말한다면? 그리고 당신은 그에게 지나친 심리적 부담을 안겨주고 싶지 않다면? 그렇다면 그가 결단을 내릴 수 있도록 돕기 위해 당신이 할 수 있는 일은 무엇일까요?

그가 집으로 돌아간 뒤에 당신의 사업에 대해 호의적인 결정을 내릴만한 정보를 과연 얻을 수 있을까요?

그의 배우자가 사업 계획을 꼼꼼히 평가해서 정확한 판단을 내려줄까요? 당신은 정말로 그가 사업설명에서 들은 세부적인 설명들을 모두 기억하여 그의 배우자에게 친절하게 설명할 수 있을 것이라고 생각하십니까? 아니면 그가 자신의 변호사나 회계사에게서 네트워크 마케팅에 대한 정확한 정보를 얻을 수 있을까요?(만약 그들이 네트워크 마케팅에 대하여 정확한 사실을 알고 있다면, 그들은 벌써 사업자가 되어 있을 것입니다.)

법률이나 회계 장부를 다루는 사람들에게 네트워크 마케팅에 대하여 조언을 요청하는 것은 그들에게 수도배관에 대해 묻는 것이나 다를 바 없습니다.

그렇다면 당신이 설명한 세부적인 사항들이 아직 그의 머리 속에 선명하게 남아 있을 때 그리고 그가 어떤 질문이든 당신에게 던질 수 있을 때 결정을 내리는 것이 그에게 도움이 되지 않을까요?

상대방으로 하여금 지금 당장 결정을 내리도록 하는 방법은 무엇일까요?

이것을 위해 우리는 '최종 설문지'를 사용합니다.

이 설문지는 사업설명의 핵심적인 사항들을 잘 정리하여 쉽게 응답할 수 있도록 만든 간단한 양식입니다. 당신은 예비사업자가 미팅 장소를 떠나기 전에 함께 그 설문지를 그와 함께 살펴볼 것을 부탁하기만 하면 됩니다.

그리고 설문지를 다 살펴볼 때쯤이면, 대부분의 예비사업자들은 가입하기로 결정을 내리게 됩니다. 예를 들어 당신의 예비사업자를 마이크라고 가정해 봅시다.

마이크 : 글쎄요, 집에 가서 한 번 생각해 보겠습니다.

사업자 : 뭐든 정확한 사실을 살펴보는 것이 가장 좋죠. 그러한 의미에서 여기 우리가 함께 살펴볼 만한 설문지가

있습니다. 이것을 보면 우리의 사업전망에 대하여 정확한 정보들을 얻을 수 있을 것입니다.

설문지

제 품

① 당신은 우리의 제품이 일상생활에 필요한 것이라고 생각합니까?

② 당신은 우리의 제품을 통해 생활비를 절약할 수 있을 것이라고 생각합니까?

③ 우리 제품의 품질에 대해 어떻게 생각합니까?

④ 당신은 우리의 제품이 사람들의 소비욕구에 부응하는 것이라고 생각합니까?

⑤ 당신은 우리의 제품이 다른 회사의 제품보다 품질이 뛰어나다고 생각합니까?

⑥ 당신 주변에 좀더 저렴한 가격으로 생활용품을 구입하려는 사람이 있습니까?

⑦ 당신은 생활용품에 들어가는 비용을 절약하고 싶습니까?

⑧ 사업자가 되면 당신이 개인적으로 사용하는 제품에 대해 30%의 비용을 절약할 수 있다는 사실을 알고 있습니까?

⑨ 제품이 마음에 들지 않을 경우 100% 환불을 보장하는 우리 회사의 정책을 알고 있습니까?

⑩ 자사의 제품에 대해 이보다 더 나은 보장을 하는 것을 본 적이 있습니까?

⑪ 우리 회사의 제품에 대한 효능실험이 인상적이었습니까?

⑫ 왜 우리 회사의 제품이 그처럼 많은 판매실적을 올리고 있다고 생각합니까?

교 육

① 우리 회사의 확실한 교육 프로그램에 대해 어떻게 생각합니까?

② 당신은 어떤 면에서 우리의 교육이 단지 강의실에서만 이루어지는 교육보다 낫다고 생각합니까?

③ 당신의 스폰서가 당신의 사업계획을 설명하는 것이 마음에 들었습니까?

④ 당신은 직접 시작해 보기 전에 관찰하고 배울 기회를 갖는 것이 좋다고 생각합니까?

⑤ 우리의 교육 목표는 성공적인 사업가를 배출하는데 있습니다. 당신은 여기에 참여하는 것이 좋을 것이라고 생각합니까?

⑥ 현재 사는 지역에서 전문적인 교육 담당자를 언제든 만날 수 있다는 사실이 마음에 듭니까?

⑦ 만약 당신이 이 사업기회를 받아들이기로 결정했다면, 사업을 위해 필요한 교육을 받겠습니까?

사 업

① 사업자가 되면 당신은 개인적인 용도로 구입한 물품에 대해서도 영구적으로 30%의 할인혜택을 받을 수 있다는 사실을 알고 있습니까?

② 할인된 가격으로 물품을 구입해서 직접 소매로 판매할 경우, 판매대금의 30%에 해당하는 이익금을 얻을 수 있다는 것을 알고 있습니까?

③ 당신이 다른 사람들을 후원했을 때, 그들이 제품을 구입할 경우에도 당신에게 추가적인 이익이 돌아온다는 사실을 알고 있습니까?

④ 만약 당신이 우리 사업에 참여한다면, 당신은 최고 자리에 오를 수 있다는 것을 알고 있습니까?

⑤ 당신은 집에서 직접 제품을 주문할 수 있습니다. 그 경우, 30% 이외에 추가 혜택이 있다는 것을 알고 있습니까?

⑥ 일주일에 10~12시간만 투자하면 이 사업을 할 수 있다는 사실이 마음에 듭니까?

⑦ 사업자의 대부분이 처음에는 부업으로 시작합니다. 하지만 여기에서 얻는 소득이 본업에서 얻는 소득을 초과하게 되면 그들은 이 사업에 전념하기 위해 직장을 그만둡니다. 당신도 이 기회를 이용하여 본업을 초과하는 소득을 얻고 싶습니까?

⑧ 당신은 우리의 교육 프로그램에 참여하는 것이 모든 것을 얻을 수 있는 기회를 제공하는 반면, 아무 것도 손해 볼 것이 없다는 사실을 알고 있습니까?

이 설문지를 작성한 후에는 다음과 같이 대화가 진행됩니다.

사업자 : 아직도 궁금한 게 있습니까? 이제 좀더 분명해졌나요?

마이크 : 분명해진 것 같군요.

사업자 : 좋습니다. 그러면 초보자를 위한 프로그램을 시작하기로 합시다. 제가 몇 가지 샘플을 드릴 테니 집에 가서 오늘밤에 잘 생각해 보시기 바랍니다. 저는 당신이 이 사업에 흥미를 느끼게 될 것이라고 확신합니다.

마이크 : 좋습니다.

이 '최종 설문지'는 처음으로 이 사업을 접하는 대부분의 사람들이 참여를 꺼리는 주된 이유인 '혼란스러움'을 없애 주기 때문에 매우 효과적입니다.

일반적으로 볼 때, 미팅에 처음 참석한 사람들은 자신에 게 제시된 온갖 장밋빛 전망들에 압도되고 맙니다.

그리고 그러한 사람들이 보이는 첫 번째 반응은 집에 돌 아가 시간을 두고 미팅을 통해 얻게 된 정보들을 살펴보는 것입니다. 하지만 그가 모든 사실들을 명확하게 기억할 때, 결정을 내리는 것이 그에게 도움이 됩니다. 이것은 곧 당신 이 그의 편에 서서 그가 던지는 모든 질문들에 대해 답을 해 주어야 한다는 것을 의미합니다.

만약 당신의 예비사업자에게 가장 현명한 판단 기회를 제 공하고 싶다면 '최종 설문지'를 이용하십시오.

리더의 과제

빅, 앨에게

저는 이제 막 네트워크 마케팅 사업을 시작한 사업자입니다. 하지만 저는 얼마 전에 새로 이사를 왔기 때문에 주변에 아는 사람이 없습니다. 물론 저는 강력한 네트워크망을 구축하고 싶지만, 사업경험이 없어서 어디서부터 어떻게 시작해야 할지 모르겠습니다.

저는 당신이 이 분야에서 가장 유능하고 또한 누구에게나 조언을 아끼지 않는다고 들었습니다. 그리고 그것이 제가 당신의 답장을 기다리는 이유입니다. 당신이 매우 바쁘시다는 것을 알고 있기 때문에 딱 한 가지만 부탁을 드리겠습니다.

제발 제가 사는 동네를 단 한 번만 방문해서 제가 순조로운 첫 출발을 할 수 있도록 도와주실 수는 없나요? 저에게 한 가지 기술만 가르쳐주신다면 저는 그것을 출발점으로 하여 제 사업을 일궈나가겠습니다.

하루만 저에게 시간을 내주신다면 그 은혜를 평생 잊지

않겠습니다.

햇병아리 사업자 제러가

만약 당신이 이러한 편지를 받았다면 당신은 어떻게 하겠습니까? 이렇게 의욕과 열정이 충만한 사업자야말로 당신의 사업을 성장시킬 수 있는 최상의 인재라고 할 수 있습니다.

강한 의욕을 지닌 사람들로부터 편지를 받는 일에서 우리는 즐거움을 느낍니다. 그리고 이들이 바라는 것은 오직 리더들이 제시하는 작은 조언입니다.

이제 막 사업을 시작한 사업자가 하나의 그룹을 만든다는 것은 대단히 어려운 일입니다. 그것은 무수한 시행착오의 과정과 세미나, 소매판매, 리더십 등 많은 것들을 필요로 합니다. 그리고 별다른 진전 없이 몇 달이 후딱 지나가 버릴 수도 있습니다.

더불어 일을 진행해나가는 동안 심한 기복이 있을지도 모르며 제품전달의 어려움을 느낄 수도 있고 미팅을 주선하는 것조차 어려울 수도 있습니다. 그렇기 때문에 대규모의 참가자들이 열정을 갖고 참석하는 미팅을 만들어내기까지는 상당한 시간이 소요됩니다.

따라서 우리는 신규 사업자들이 성공에 대한 희열감을 느낄 수 있도록 돕기 위해 많은 노력을 기울여야 합니다. 아직 경험이 없는 신규 사업자들은 우리의 사업에 대해 제대로 알지 못하기 때문에 우리가 해야 할 일은 너무나 많습니다.

편지를 보낸 그 사업자가 원하는 것은 대규모의 네트워크 망을 구축하는 것입니다. 그리고 그는 그 기적을 이루기 위해 우리에게 하루의 시간을 제공한 것입니다. 더불어 그는 열정적인 사업자 그룹의 리더가 되기 위해서 수개월의 시간이 필요하다는 통념을 뛰어넘고 싶은 것입니다.

그리고 이것은 바로 우리의 리더십이 직면한 과제이기도 합니다.

신규 사업자들은 우리를 대단히 신뢰하고 있기 때문에 우리가 기적을 연출할 것으로 기대하고 있습니다. 그렇다면 단 하루 동안 이 신규 사업자의 목적을 충족시켜주기 위해 우리가 할 수 있는 일은 무엇일까요?

TV에 광고를 낼까요? 그에게 우리가 가기 전에 새로운 친구들을 몇 백 명만 만들어 놓으라고 얘기할까요? 얼굴에 철판을 깔고 집집마다 문을 두드리며 사람들에게 사업자가 되어 달라고 애원을 할까요? 아니면 외우기 쉬운 표어가 적힌 단추를 그의 옷깃에 달아주는 것은 어떨까요? 그리고 그에게 그것을 달고 백화점을 돌아다니면 예비사업자들이 벌 떼 같이 몰려들 것이라고 얘기해 줄까요?

어쩌면 우리는 전화번호부 책에 나온 주소로 광고지들을 보내놓고 그들이 주문해 주기를 기다릴 수도 있을 것입니다. 단 하루 만에 기적을 연출하기 위해 우리가 선택할 수 있는 행동들은 극히 제한적입니다.

어떻게 해야 할까요?

당신 같으면 무엇을 하겠습니까?

(멀리 도망가거나 몸이 아프다고 핑계를 대는 것은 우리가 취할만한 행동이 아닙니다.)

층계요법

제라에게

의욕을 가지고 사업을 시작하려는 사람들의 소식을 듣는 것은 언제나 즐거운 일입니다. 저는 당신 스스로 일어서고자 하는 자세를 매우 높게 평가하며 당신의 재정적인 미래에 대해 책임감을 느낍니다.

말씀하신 대로 꽉 짜인 스케줄 때문에 제가 낼 수 있는 시간은 한정되어 있습니다. 하지만 저는 당신이 위대한 출발을 할 수 있도록 돕고 싶습니다. 저는 보다 효과적인 방법으로 사업을 구축하고자 하는 당신의 사고를 높이 평가합니다.

사실, 너무나 많은 초보 사업자들이 시작단계에서부터 시행착오만 거듭하다가 쉽게 좌절하고 만다는 것을 저는 잘 알고 있습니다.

제가 당신을 도우러 가기 전에 당신이 먼저 준비해야할 것이 한 가지 있습니다.

우선 두세 명을 만나 저와 5분간 대화를 하겠다는 약속을 받아두십시오. 그 분들께는 제가 그 지역의 사업풍토에 대해 몇 가지 질문을 할 것이라고 말해 두면 됩니다. 물론 당신이 우리 회사의 이름을 알려주고 그들이 묻는 몇 가지 질문에 대해 대답해 주어도 좋습니다.

제가 원하는 것은 그들에게 몇 가지 질문을 던져보는 것입니다.

만약 당신이 이 부분만 책임진다면 저는 며칠 내에 당신의 네트워크에 20명의 신규 사업자가 생길 것임을 보장할 수 있습니다. 물론 제가 방문하는 하루 동안 20명의 사람들을 모으기에는 시간이 너무 부족합니다.

하지만 제가 우선 기초를 닦은 다음, 당신에게 그것을 완성시킬 기술을 알려드리겠습니다. 다음 주중에 만날 수 있기를 희망합니다.

빅 앨로부터

그로부터 일주일 후, 약속한 날이 되자 빅 앨은 제리가 살고 있는 도시를 찾아가 한 식당에서 제리와 그가 데려온 첫 번째 예비사업자를 만났습니다. 그의 이름은 존이었고 개인사업을 하고 있으며 청년상공회의소 회원이었다.

그리고 그는 제리가 빅 앨의 답장을 받은 지 며칠 뒤에 제리를 상공회의소에 초대한 사람이었습니다. 우선 빅 알은 존에게 네트워크 마케팅에 대해 아는 바가 있는지를 물었습니다. 존은 이러한 사업방식에 대해 잘 알고 있었고 미팅에도 몇 번 참석한 적이 있었다고 했습니다.

하지만 존은 2시간 정도 지속되는 세미나에 참석했다가 중간에 나왔다고 했습니다. 그리고 미팅이 매번 그렇게 오랫동안 계속된다면 자신이 일할 시간이 없기 때문에 가입하지 않기로 마음먹었다고 말했습니다.

빅 알은 회사에 대해 간단하게 설명한 다음, 미팅 시간이 40분 정도면 어떻겠느냐고 물었습니다. 존은 약간의 시간을 내줄 수 있다고 대답했고 빅 알은 20분 정도 그에게 이 사업에 대해 설명해 주었습니다.

설명이 끝나갈 무렵 존이 말했습니다.

"흥미롭군요. 집에 가서 며칠 더 생각해보겠습니다."

그러자 빅 알이 기다리기라도 했다는 듯이 말했습니다.

"존, 당신도 제리가 이 지역에서 최초로 이 사업을 전개하고 있다는 것을 알고 계시죠. 그는 며칠 안으로 20명의 새로운 사업자를 확보할 계획을 갖고 있습니다. 우리는 그 모든 사람들이 당신의 다운라인에 놓이도록 하고 싶습니다. 이것은 당신에게 더없이 좋은 기회입니다. 당신은 리더십을 가지고 그 사람들을 이끌어나갈 수 있을 것입니다. 당신을 그

들의 스폰서로 등록할 수 있도록 당신의 정확한 이름과 주민등록번호를 알려주시겠습니까?'

결국 빅 알은 그의 이름과 주민등록번호를 신청서의 스폰서 난에 적어 넣었습니다. 그리고는 존이 나머지 빈칸을 채워 넣을 수 있도록 신청서를 그에게 넘겨주었습니다.

제리는 이제 막 놀라운 출발을 하게 된 셈입니다.

마지막으로 빅 알은 물품을 구매하는데 필요한 사항들을 존에게 알려주었습니다.

제리는 놀라워하면서 속으로 이렇게 생각하였습니다.

'존이 왜 저렇게 빨리 마음을 바꾼 거지? 그의 다운라인으로 20명을 확보해주겠다는 약속 때문이었나? 하지만 어떻게 20명의 사람들을 참여시키지? 이 도시에 우리가 아는 사람은 없는데….'

존이 서류에 기입하는 것을 마쳤을 때, 빅 알이 말했습니다.

"존, 당신도 느꼈겠지만 이것은 엄청난 기회입니다. 그리고 당신의 주변에는 당신이 돕고 싶은 친구나 사업동료들이 있을 것입니다. 이제 우리가 새로운 사업자 네트워크를 만들겠다고 나선 이상, 먼저 당신의 친구를 등록시키는 것이 좋을 것 같습니다. 그렇게 하면 그 분에게 커다란 도움이 될 테니까요."

존이 대답했다.

"좋은 생각입니다. 제 친구 마이크는 항상 부업을 갖고 싶어 했거든요. 당신이 도와준다면 그 친구도 자신감을 갖고 지금 당장 시작할 수 있을 것입니다. 지금이라도 그 친구에게 전화를 걸어 다른 사람들을 가입시키기 전에 그 친구를 먼저 가입시킵시다."

존은 즉시 마이크에게 전화를 걸었고 마이크는 자신이 일하러 나가기 전에 빨리 방문해 달라고 부탁하였습니다. 만약 존이 말한 것처럼 그 일이 해볼 만한 사업이고 또한 시작하기에 좋은 기회가 있다면 지금 당장이라도 가입하고 싶다는 것이었습니다.

빅 알은 존에게 시간을 내주어서 고맙다고 말했습니다.

"이 지역에서의 첫 번째 미팅은 오늘로부터 일주일 뒤에 있습니다."

빅 알과 제리는 서둘러 마이크의 집으로 향했습니다. 마이크의 집에 이르자 제리가 말했습니다.

"정말 믿을 수가 없군요! 우리가 후원한 첫 번째 사람이 제품주문을 하고 다른 예비사업자까지 소개해 주다니…. 하지만 그의 라인에 20명의 사업자를 확보해주겠다는 약속을 지키기 위해서는 해야 할 일이 무척 많을 것 같네요. 저를 힘들게 하는 것은 이 도시에서 우리가 아는 사람이라고는 단 세 명도 안 된다는 사실이에요. 우리가 그 약속을 지킬 수 있을까요?"

빅 알이 대답했습니다.

"오늘 하루가 끝날 무렵, 당신이 어떤 결론을 내리게 될지 두고 보기로 하죠. 우선 마이크를 만나러 갑시다."

마이크에게 사업설명을 하는 일은 믿을 수 없을 정도로 쉬운 일이었습니다. 문을 열고 우리를 맞이하는 그의 손에는 이미 사인하기 위한 펜이 들려 있었습니다. 마이크는 존을 매우 신뢰하고 있었기 때문에 존이 들려준 열정적인 설명은 이들이 도착하기도 전에 그의 마음을 움직이게 했던 것입니다.

간단한 사업설명이 끝나고 빅 알이 말했습니다.

"마이크, 존이 당신에게 말한 것처럼 우리는 며칠동안 새로운 사업자 네트워크를 만들기 위해 집중적인 노력을 할 것입니다. 그리고 우리는 당신의 빠른 출발을 위해 당신의 라인에 19명의 사업자를 확보해 줄 것입니다. 당신 주변에는 남보다 빠르게 출발할 수 있는 이 좋은 기회를 꼭 붙잡고 싶어 하는 친구나 직장동료들이 있겠지요. 우리는 당신을 돕는 가운데 당신의 친구에게도 사업자 네트워크를 만들어 줄 수 있습니다. 당신의 친구도 이 기회를 얻게 해 준 것에 대해 당신에게 매우 고마워 할 것입니다. 당신 주변에 이 부업 기회를 활용할 만한 사람이 있을까요?"

마이크는 재빨리 대답했습니다.

"오늘 아침 존의 전화를 받자마자 저도 똑같은 생각을 했습니다. 제 동생 짐이 이 일에 적격일 것 같군요. 저는 항상 동생이 뭔가를 할 수 있도록 돕고 싶었는데 지금이 적기인 것 같습니다. 제가 전화를 걸어 지금 당장 만날 수 있는지 알아보겠습니다. 다른 사람을 만나기 전에 제 동생부터 만나주십시오. 저는 정말로 동생이 잘 되는 것을 보고 싶습니다. 그는 틀림없이 잘 해낼 겁니다."

마이크의 동생 짐은 15분 후에 그의 직장 근처에서 빅 알과 제리를 만나기로 약속하였습니다. 짐과의 만남은 매우 즐거웠는데 그는 자신의 다운라인 구축을 도와주겠다는 약속과 존과 마이크가 이미 서명했다는 사실에 대단히 흥분하고 있었습니다.

빅 알은 다음과 같은 말로 사업설명을 마쳤습니다.

"짐, 우리가 마이크에게 도와주고 싶은 단 한 사람을 고르라고 했을 때 그는 당신을 선택했습니다. 마이크는 당신이 남보다 빠른 출발을 할 수 있는 이 기회를 놓치지 않으리라는 것을 잘 알고 있었습니다. 우리는 며칠 안에 18명의 새로운 사업자를 당신의 라인으로 확보하겠습니다. 혹시 당신 라인의 첫 번째 사람으로 염두에 두고 있는 사람이 있습니까?"

짐이 대답했다.

"이 일을 열심히 할 수 있을 것 같은 사람이 두 명 있습니다. 한 사람은 내가 일하고 있는 곳의 사장님입니다. 그 분은 항상 좀더 가계에 보탬이 될 만한 일을 찾고 계셨죠. 다른 한 사람은 제 이웃 알렌입니다. 알렌에게도 다운라인을 만들어주실 수 있겠죠? 그렇게만 해주신다면 저 뿐만 아니라 우리 사장님과 알렌에게도 큰 도움이 될 것입니다."

빅 알이 대답했습니다.

"문제없습니다."

그리고 빅 알과 제리는 짐의 사장을 만나 이 사업을 소개하였습니다. 사업설명이 끝날 무렵, 짐의 사장은 좀더 생각해 보고 싶다고 말했습니다.

그러자 빅 알이 말했습니다.

"당신을 알렌의 스폰서로 삼기 위해서는 당신의 이름과 주민등록번호가 필요합니다. 알렌은 짐의 옆집에 사는 사람입니다. 짐은 당신이 그의 스폰서가 되어주기를 바라고 있습니다."

짐의 사장은 그 자리에서 사인을 했습니다. 그리고 빅 알은 알렌을 만나러 가기 전에 짐의 사장에게 말했습니다.

"우리는 며칠 안에 17명의 새로운 사업자를 당신의 다운라인으로 확보해 주려 합니다. 혹시 당신의 주변에 있는 친구나 가까운 사업동료 가운데 이 조직의 가장 높은 위치에 앉히고 싶은 사람이 있습니까? 만약 있다면 그 사람이 이 사업의 혜택을 받을 수 있도록 추천해 주십시오."

짐의 사장이 대답했습니다.

"우선 저에게 알렌의 스폰서가 되도록 해준 짐에게 고맙다고 인사를 해야겠군요. 그 고마움의 표시로 저의 절친한 세 친구를 알렌의 다운라인으로 오도록 하겠습니다. 지금 당장 그들에게 전화해서 약속을 잡도록 하죠."

이렇게 그 날의 하루가 지나갔습니다. 그리고 제리는 그 날 하루 동안 네트워크 마케팅의 귀재가 어떻게 네트워크 망을 구축해 나가는지를 생생하게 지켜보았습니다.

결국 그 날 하루 동안 제리와 빅 알은 14명의 새로운 사업자를 확보하였습니다. 그리하여 이제 6명만 더 확보하면 목표로 했던 20명의 사업자 그룹을 만들 수 있게 되었습니다. 그리고 제리는 다음 주에 열릴 그의 첫 번째 미팅이 성황리에 치러질 것임을 확신하고 있었습니다.

제리가 말했습니다.

"오늘 하루 동안 저는 당신이 어떻게 활동하는지를 가까이에서 지켜보았습니다. 이제는 당신 없이도 이 일을 해낼 수 있다는 자신감이 생겼습니다. 그리고 남은 여섯 명을 채워 우리의 목표를 완수할 수 있는 충분한 인적자원도 생겼습니다. 비록 저에게는 단 한 사람의 1단계 사업자밖에 없지만, 다음 주에 미팅이 열릴 때까지 제 그룹 안에는 20명의 사업자가 있을 것입니다. 무엇보다도 좋은 점은 이들 각자가 자신의 다운라인을 두게 되었다는 사실을 매우 기뻐한다는 것입니다. 저에게 1단계 사업자가 한 사람 밖에 없다는 사실이 조금도 걱정되지 않습니다. 저는 20명이 채워지는 대로 저의 두 번째 1단계 사업자를 후원할 작정입니다. 그리고 그의 라인 아래에도 20명의 사업자가 생기도록 도울 작정입니다.

오늘은 저에게 기적과도 같은 하루였어요. 저는 15차례의 사업설명으로 14명이 새로 가입하는 것을 지켜보았습니다. 이제 저에게도 열정적이고 무한한 가능성을 지닌 그룹이 생겼습니다. 이 모든 일이 단 하루 만에 이루어지다니! 무엇보다 저는 리더로서 일한다는 것이 어떤 것인지를 알았습니다. 저도 당신의 뒤를 좇아 훌륭한 그룹을 만들어내겠습니다."

빅 알은 제리에게 작별의 말을 남기고 떠났습니다. 물론 기적을 만들어내는 일은 때로 이 날처럼 순조롭게 진행되지 않을 경우도 있습니다.

열심히 일하지 말고 현명하게 일하라

새로운 사업자들을 발굴해낼 때 프로는 준비된 사람들을 만나는데 대부분의 시간을 투자합니다. 하지만 아마추어는 만나는 사람이면 아무나 붙들고 시간을 낭비합니다.

준비되지 않은 사람들에게 사업설명을 한다는 것이 얼마나 비효율적인 일인가를 알아보기 위해 다음의 경우를 살펴봅시다.

사업자인 조는 한 번 약속을 해서 사람을 만나는데 2시간 가량을 소비합니다. 이 가운데 실제로 사업설명을 하는 시간은 고작 30~40분 정도에 지나지 않으며, 1시간 30분 정도는 약속 장소까지 차를 타고 가거나 기다리는 시간입니다.

이것은 곧 조가 직장에서 퇴근하여 만날 수 있는 사람이 많아야 2명을 넘지 못한다는 것을 보여주고 있습니다. 이처럼 준비되지 않은 사람을 10명 정도 만나고 나면 아무런 보람도 없이 일주일이 훌쩍 지나가 버리고 맙니다.

바로 여기에서 좌절이 싹트기 시작합니다.

네트워크 마케팅에서 프로가 되기 위해서는 대상자들을 평가하고 식별해 낼 수 있는 눈이 필요합니다.

사실, 준비되지 않고 가능성이 전혀 없는 사람들과 만나기 위해 몇 시간을 낭비하고 싶은 사람은 없을 것입니다.

물론 사람들을 만나기 위해 분주히 움직이는 것은 열심히 일하는 것인지는 몰라도 결코 현명하게 일하는 것이라고 볼 수는 없습니다.

만약 우리가 매주 단 한 사람의 준비된 예비사업자를 만난다면 어떻게 될까요? 그 결과는 준비되지 않은 10명의 예비사업자를 만나 가망 없는 사업설명을 늘어놓느라 시간을 낭비하는 것과는 비교도 되지 않을 것입니다.

사실, 바쁘게 돌아다니면서 사업설명을 하는 것은 중요한 것이 아닙니다. 정말 중요한 것은 단 한 번의 사업설명일지라도 준비된 사람에게 행하는 것이 훨씬 효과적이라는 점입니다.

능력 있는 한 사람을 확보함으로써 당신이 얻게 될 추가 수입을 상상해 보십시오. 그 사람이 30~40명씩 새로운 사업자를 참여시키는 동안, 준비되지 않은 사람만 열심히 만나고 다닌 사람은 왜 일이 뜻대로 풀리지 않는지 모르겠다며 불평만 늘어놓고 있을 것입니다.

프로들이 자신의 예비사업자를 세 부류로 나누는 것은 바로 이 점 때문입니다.

A 부류 : 잠재력이 있는 준비된 사람들.

이들은 우리의 사업을 번창시킬 수 있습니다. 따라서 이런 사람들을 찾아내는 것이 우리가 할 일입니다. 이들은 뭔가를 찾고 있었기에 리더로 성장할 수 있는 잠재력이 있고 또한 혼자서도 충분히 네트워크 망을 구축할 수 있습니다.

B 부류 : 가능성이 있는 사람들.

이들에게 시간을 투자하는 것이 가치를 발휘할지 그렇지 못할지는 50:50입니다.

C 부류 : 가망 없고 준비도 되지 않은 사람들.

이들에게 시간을 투자하는 것은 실패의 지름길입니다.

예비사업자들을 이렇게 분류하는 일은 그다지 어렵지 않습니다. 하지만 그것은 성공과 실패를 가늠하는 중요한 일입니다. 다음에 제시할 테스트는 이러한 분류 작업이 얼마나 손쉬운지를 잘 보여주고 있습니다.

다음에 나오는 7가지 항목을 읽은 뒤, 예비사업자들을 A,

B, C로 나누고 그렇게 평가한 이유를 아래에 적어 보십시오. 이러한 과정을 통해 당신은 진정한 네트워크 마케팅 사업자로서의 첫발을 내딛게 될 것입니다.

상황 1

당신이 길을 걷다가 말쑥하게 차려입은 어떤 남성이 당신을 향해 걸어오고 있는 것을 발견하였습니다. 그는 행복해 보였고 적극적인 성격에다가 인생의 실패를 전혀 맛보지 않은 것 같았습니다.

그는 지나가는 사람들에게 손을 흔들거나 인사를 나누기도 합니다. 그러한 그의 표정에서 어딘지 모르게 리더십을 갖추고 있는 듯한 느낌을 받습니다. 당신은 그 사람을 어떤 부류에 집어넣겠습니까?

A. B. C.

상황 2

계속해서 길을 걷다가 당신은 바닥에 누워있는 한 남자 곁을 지나치게 됩니다. 술 냄새가 사방에 진동하고 그 남자의 곁에는 금이 간 싸구려 술병이 놓여 있습니다. 그의 옷차림은 왠지 후줄근해 보이고 가끔 알 수 없는 말을 중얼거립니다. 어떤 부류일 것 같습니까?

A. B. C.

상황 3

당신이 전화고지서에 대해 의문점이 생겨 전화국에 들렀습니다. 그런데 전화국 직원은 늘 하던 설명을 되풀이 만합니다. 가는 테 안경에다 소매에 토시를 낀 그는 마치 현실 세계의 사람이 아니라 계산기의 한 부분처럼 보입니다. 그는 다소 수줍어하는 듯한 인상을 풍겼지만 숫자를 더하고 빼는 일을 즐기는 것처럼 보였습니다.

어떤 부류일 것 같습니까?

A. B. C.

상황 4

한 젊은 아가씨가 다가와 당신에게 마약을 사라고 권하고 있습니다. 물론 당신은 거절했지만 그녀는 최상품이라며 한 번 시험이라도 해보라고 계속 권합니다. 그녀는 판매수완이 뛰어나고 대단히 적극적인 성격을 가진 것 같습니다.

어떤 부류이겠습니까?

A. B. C.

상황 5

계속해서 길을 걷다가 당신은 다소 황당한 아주머니를 만납니다. 그녀는 쓰레기통을 뒤지던 고양이를 발로 걸어

차고 지나가는 걸스카우트 단원에게 주먹을 휘두릅니다. 그리고 그녀는 주변의 사람들이 모두 들을 수 있을 정도로 소리를 질러가며 세상을 저주하는 말을 내뱉습니다. 그녀는 대단히 부정적이고 다혈질적인 성격을 가진 것 같습니다.

어떤 부류이겠습니까?

A. B. C.

상황 6

16세쯤 되어 보이는 한 소년이 지나갑니다. 그는 친구와 함께 오늘밤 학교에서 있을 축제에 대해 이야기하며 걸어가고 있습니다. 그의 목표는 축제에서 여자친구와 데이트를 하는 것입니다.

어떤 부류일 것 같습니까?

A. B. C.

상황 7

약국의 계산대에서 쾌활하게 보이는 한 아가씨를 만났습니다. 그녀는 예의 바르고 친절하고 적극적인 성격을 가졌습니다. 어떤 부류일까요?

A. B. C.

해답

그러면 위의 상황에 대한 정확한 답을 알아봅시다.

상황 1

말쑥하게 잘 차려입은 남자가 행복해 보이는 데에는 그만한 이유가 있습니다. 그는 방금 은행을 털었던 것입니다. 그리고 그의 표정에서 드러나는 리더십은 그가 범죄 집단의 우두머리로 군림하면서 생겨난 것입니다. 또한 그가 친절하고 차분하게 행동하는 것은 경찰이 그가 사건현장을 빠져나가는 용의자라는 사실을 눈치 채지 못하도록 하기 위한 위장입니다. 그는 합법적으로 돈버는 것을 혐오합니다. 쉽게 말해 그는 인간 기생충인 것입니다.

상황 2

술에 취해 길에 쓰러져 있는 것으로 보이는 그 남자는 얼마 전에 당신이 사는 동네로 이사를 왔습니다. 그는 대기업의 영업부장으로 조금 전에 강도를 만났는데, 그 강도가 싸

구려 술병으로 그의 머리를 내리쳤습니다.

그는 그 충격으로 잠시 제정신이 아니지만, 그가 정신을 차린다면 당신이 관계하는 네트워크 마케팅 회사의 회원이 되겠다고 할 사람입니다. 그는 평소에 낯선 도시에서 새로운 사람들을 만나는 것을 좋아합니다.

상황 3

전화국 직원은 남몰래 직장을 그만두고 회계와 세무 관련 사업을 시작할 계획을 세우고 있습니다. 매일 저녁 그는 사업자금에 보태기 위해 부업거리를 찾아다니고 있습니다. 현재 그의 소망은 자기 사업의 초기자금을 마련하기 위해 부업거리를 얻는 것입니다. 만일 누군가가 그에게 적절한 동기만 부여해준다면 그는 얼마든지 그것을 받아들일 준비가 되어 있습니다.

상황 4

이 젊은 아가씨를 당신의 네트워크에 참여시켜서는 안 됩니다. 하지만 만약 당신이 그녀에게 사람을 소개해달라고 부탁한다면 그녀의 어머니를 만나게 될 것입니다. 그녀의 어머니는 딸의 보석금과 재활치료에 드는 비용을 치르기 위해 부업을 시작해야겠다고 마음먹고 있습니다. 그녀가 바로 최우선 대상자입니다.

상황 5

　이 황당한 여성은 어느 대기업 총수의 수석 보좌관이었습니다. 그녀는 회장의 신임을 얻고 있는 동안에는 회사의 경영을 도맡다시피 했지만 12분전에 그녀는 퇴직금 한 푼 받지 못하고 해고당했습니다. 그리고 그녀는 자신이 결코 다시 취직하지 못하리라는 것을 알고 있습니다.

　마음을 진정시키기 위해 술을 마시긴 했지만 그녀는 지금도 자신이 직접 할 수 있는 사업을 찾고 있습니다. 더 이상 상사를 모실 필요도 없고 출근시간을 맞추느라 부랴부랴 서두를 필요도 없으며 들인 노력에 비해 봉급이 짜다고 불평할 필요도 없는 사업을 찾고 있습니다.

상황 6

　이 소년은 청소년 대상 성취프로그램의 회원입니다. 그는 판매원으로서의 재능을 가지고 있고 현재의 소망은 오토바이를 사는데 필요한 돈을 모으는 것입니다. 그의 삼촌은 수천 명의 독립사업자를 거느리고 있으며 자신의 조카가 이 분야에서 좀더 빨리 출발할 수 있도록 돕고 싶어 하고 있습니다.

상황 7

　계산대에 있는 아가씨는 아르바이트로 그 일을 하고 있습니다. 그녀는 현재 시간당 5달러에도 채 못 미치는 수당을 받고 있기 때문에 어떤 제안에도 귀가 솔깃할 것입니다. 그녀는 자신의 가족을 위해 좀더 많은 수입을 얻고 싶어 합니다.

말도 안 돼! 말도 안 돼! 말도 안 돼!

잠깐! 이것이 속임수라고? 물론 처음부터 이러한 결론을 내릴 만큼 충분한 상황설명을 한 것은 아닙니다. 하지만 이것을 통해 당신도 분명히 뭔가 얻은 게 있을 것입니다.

그 교훈을 한 마디로 말하자면 이런 것입니다.

"사람을 겉모습으로만 판단하지 말라!"

만약 이 테스트의 교훈이 '섣불리 판단하지 말라'는 것이었다면 진정한 사업자가 되기 위해 이 문제를 어떻게 풀어야 할까요?

전문가로서 우리는 A부류와 B부류에 속하는 사람들에게 집중적으로 시간을 투자해야 한다는 것을 절감하고 있습니다. 문제는 '어떻게 하면 많은 시간을 낭비하지 않고 상대방이 A 혹은 B에 속하는 사람인지 판단할 수 있는가?'라는 것입니다.

그 해답은 일단 사람을 사귀어봐야 한다는 것입니다.

그러면 사람을 사귄다는 것은 과연 무엇일까요?

사람을 사귄다는 것은 우선 대화를 시작하고 그 대화를

자신이 가장 간절하게 원하는 쪽으로 이끌어나가는 것을 의미하고 있습니다. 그러면 당신은 상대방이 어느 부류에 속하는 사람인지 금방 알 수 있게 됩니다.

좀더 알기 쉽게 설명하기 위해 어느 사교모임에서 여성을 사귀고자 하는 젊은 남성의 경우를 생각해 봅시다.

그 남성은 먼저 대화를 시작해야 하고 또한 그 대화를 자신이 바라는 방향으로 이끌어가야 합니다. 그가 알아내고 싶은 것은 '상대가 결혼을 했는가 안 했는가' 하는 것입니다. 만약 결혼을 했다면, 그 여성은 C부류에 들어갑니다. 또한 그 여성이 첫 대화에서 '저리 비켜요. 꼴불견이야' 라고 말한다면 그 경우에도 C부류에 들어갑니다.

과연 이 남성은 어떻게 접근해야만 할까요?

"당신처럼 아름다운 숙녀 분들은 이런 곳에서 주로 무엇을 하죠?"

케케묵은 표현이긴 하지만 어느 정도 효과는 있을 것입니다. 그 젊은 여성이 판에 박힌 이 표현에 미소를 보내줄지도 모를 일입니다.

"우리가 혹시 전에 어디서 만난 적이 있지 않나요?"

이러한 접근법들은 그다지 독창적인 맛은 없지만, 적어도 대화를 시작해 나갈 수는 있습니다.

그러면 네트워크 마케팅을 전개하는데 있어서 우리는 어

떤 말로써 대화를 시작하는 것이 좋을까요?

우선 효과적이지 못한 경우부터 살펴봅시다.

"놀러가기 좋은 날씨죠?"

이것은 가장 나쁜 접근법입니다. 대단히 진부한데다가 방향성도 없고 상대방에게 '도대체 이 사람이 무슨 말을 하려고 이러는 걸까' 라는 호기심을 불어넣지도 못합니다. 더욱더 큰 문제는 그렇게 말한 다음, 무슨 말을 이어가야 할지 고민스럽다는 점입니다.

"놀러가기 좋은 날씨죠? 네트워크 마케팅의 회원이 되어 함께 사업을 전개하지 않겠어요?"

이 말을 듣고 상대가 어떤 반응을 보일지는 안 봐도 뻔한 것입니다.

"이봐요, 화요일 저녁엔 주로 뭘 하죠?"

만약 다른 사람이 당신에게 이런 질문을 던진다면 당신은 어떤 느낌을 받을 것 같습니까? 왠지 화요일 저녁에 불미스러운 경험을 할 것 같은 느낌이 들지 않습니까?

사람들에게 능숙하게 접근하기 위해 사용하는 두 개의 마술 같은 질문이 있습니다. 이것을 알고 싶으면 빅 알의 『당신의 네트워크에 터보엔진을 달아라(Tells All)』을 읽어보기 바랍니다.

그 방법을 사용하고 10초만 있으면 당신은 상대방이 A, B, C 가운데 어느 부류에 속하는지 금방 파악할 수 있습니다.

바로 이 점이 두 가지 마술 같은 질문의 장점이자 그토록 많은 전문가들이 이 방법을 사용하는 이유입니다. 이처럼 좋은 방법을 팽개쳐두고 C부류에 속하는 사람을 붙들고 시간을 낭비하는 것은 참으로 어리석은 일입니다.

다음의 말을 명심하십시오.

사람을 겉모습만으로 판단하지 말자!

사람들에게 접근할 때 두 가지 마술 같은 질문법을 사용하여 일의 능률성과 전문성을 키워나가십시오!

고기가 잡히는 곳을 찾아라

얕지만 깨끗한 시냇물이 풀밭을 가로질러 빠르게 흘러가고 있습니다. 물의 깊이는 겨우 15㎝ 정도밖에 되지 않지만 좀더 아래로 내려가면 깊고 맑은 웅덩이가 나옵니다.

오늘은 그 물가로 낚시를 하러 가는 날입니다. 그러면 어디에다 낚싯대를 드리우겠습니까?

얕고 흐름이 빠른 곳에다 낚싯대를 던지겠습니까? 아니면 물고기가 먹을 것과 숨을 장소가 많은 웅덩이에다 던지겠습니까?(힌트 : 후자를 선택하라)

훌륭한 낚시꾼이 되는 방법에는 두 가지가 있습니다.

첫째, 물고기가 있는 곳에 낚싯대를 던집니다.

둘째, 매번 어마어마한 물고기를 놓쳤다는 이야기를 만들어냅니다.

그러면 이러한 방법들이 네트워크 마케팅에 어떻게 적용되는지를 살펴봅시다. 당신은 혹시 아마추어 네트워크 사업자를 만나본 적이 있습니까? 꾸준히 노력은 하지만 별다른 성과를 거두지 못하는 그들을 지켜보면서 그들의 스폰서들은 거의 울고 싶은 심정일 것입니다.

그들이 계속해서 실패와 좌절을 반복하는 이유는 무엇일까요? 그것은 바로 그들이 물고기가 없는 곳에다 낚싯대를 드리우기 때문입니다.

그러면 비효율적인 활동 사례를 살펴봅시다.

① 지역 전화번호부에 있는 주소로 광고지를 보냅니다.

어느 지역에서나 많은 사람들이 나름대로의 삶의 목표를 추구하며 살아갑니다. 하지만 우리가 바라는 고객은 그 중에서 작은 부분에 지나지 않습니다. 우편함에 던져진 광고전단을 읽고 연락할 사람이 과연 몇이나 될까요?

물론 단순하게 불특정 다수를 대상으로 하지 않고 특정 계층의 사람들을 대상으로 한 주소록을 가지고 있다면 좀 더 많은 고객들로부터 연락을 받을 수 있을 것입니다. 그러나 그러한 주소록을 구하는 문제는 둘째 치고, 편지를 보내는데 드는 비용만 해도 만만치 않을 것입니다. 그렇기 때문에 이 방법은 시간과 비용만 낭비하기 십상입니다. 왜냐하면 대부분의 낚시 바늘이 물고기가 없는 곳을 향해 날아가기 때문입니다.

② 길거리에 서서 지나가는 사람들에게 샘플을 나눠줍니다.

이러한 방법을 사용하는 네트워크 사업자가 바라는 것은 사람들이 그 샘플을 사용하고 나서 그 제품에 푹 빠져드는 것입니다. 그러한 생각으로 전화기 앞에 앉아 네트워크 마케팅 회사의 회원이 되겠다고 아우성치는 전화를 기다린다면 아마도 그 기다림은 무한히 길어질 것입니다.

③ 차를 몰고 다니면서 동네에 있는 상점마다 광고지를 붙입니다.

이러한 네트워크 사업자는 물건꾸러미를 양손에 잔뜩 쥐고 가게문을 나서는 모든 주부들이 네트워크 마케팅 회사의 회원이 되고 싶어 할 것이라고 확신하고 있습니다. 하지만 이 사업자는 다음 주 내내 전화기 앞에서 아기를 보며 '왜 전화가 오지 않을까?'하고 고민하고 있을 것입니다.

④ 실직자 상담소를 찾아가 상담하러 온 사람들에게 이렇게 말합니다. "누구든 이제 더 이상 실업수당을 받고 싶지 않다면 저에게 연락을 하여 사업기회를 붙잡으십시오."

물론 이러한 말에 대해 사람들은 싸늘한 반응을 보일 것입니다. 그러면 그 사업자는 아무도 자신의 제안을 받아들이지 않는다는 것에 실망하여 자신의 일에 대한 확신마저 잃어버리기 십상입니다.

⑤ 친척들에게 볼링약속을 포기하고 자신의 미팅에 참

석해 달라고 부탁합니다.

그런 다음 사람 좋고 나이 많은 그의 스폰서가 이들에게 부자가 되기 위한 자신의 최근 계획을 설명할 것입니다. 하지만 사람 좋고 나이 많은 스폰서는 결코 부자가 되어 본 적이 없기 때문에 친척들은 설명을 듣다말고 볼링을 치러갑니다.

그러면 물고기는 어디에 있는가?

이 분야의 전문가라면 그냥 발만 딛어도 물고기가 많이 모여 있는 곳이 어디인지 미리 예측할 수 있습니다. 그런데 무엇 때문에 고기도 없는 곳에서 낚시질을 하려고 시간과 노력을 낭비한단 말입니까?

그렇다고 많은 비용과 노력을 기울여 광고를 해야 하는 것도 아닙니다. 그 비결은 매우 간단합니다. 준비된 사람들이 있는 곳에서 '독창적인 사고' 를 하는 것입니다.

불행하게도 지금은 '독창적인 사고' 가 사장된 기술 가운데 하나가 되어 가고 있습니다. 그리고 많은 사람들이 이렇게 생각합니다.

'사람들은 생각하는 일에 익숙하지 않기 때문에 자꾸 생각하라고 해봐야 소용없다.'

하지만 독창적인 사고는 놀랄만한 결과를 낳을 수 있습니다.

지금 하려는 일을 잠시 멈추고 한 번 생각을 해 보십시오. '어디에 가면 최고의 대상자를 가장 많이 만날 수 있을까?'

독창적인 사고의 힘을 보여주기 위해, 여기 도로시라는 젊은 여성이 몇 년 전에 겪었던 일을 소개하려고 합니다.

미용사로 일하고 있던 도로시는 틈틈이 네트워크 마케팅 사업을 전개하고 있었습니다. 물론 그녀가 낼 수 있는 시간은 제한되어 있었지만 그녀는 네트워크 마케팅이 자신에게 성공을 가져다줄 것이라고 확신하고 있었기 때문에 열심히 노력하였습니다.

그때, 그녀에게 필요했던 것은 가능한 한 많은 시간을 빼앗기지 않고 효율적으로 사람들을 만나고 참여시키는 것이었습니다.

그리고 그녀의 미용실을 찾는 고객들은 대부분 정해진 보수를 받기 위해 오랜 시간 동안 일해야 하는 상황에 진저리를 내고 있었습니다. 왜 열심히 일을 하고도 노력한 만큼의 대가도 받지 못한단 말인가?

어쩌면 일을 하기도 전에 선불로 보수를 지급하는 곳을 찾을 수 있을지도 모르는데 말입니다. 그녀의 고객들은 한마디로 말해 C부류에 속하는 타입이었습니다.

그렇다면 일주일에 단 이틀 저녁만 자유시간을 가질 수

있는 도로시의 입장에서 볼 때, 어떻게 해야 다수의 유능한 사업자들을 확보할 수 있을까요?

도로시는 대단히 명석한 해법을 찾아냈습니다. 그때, 그 지역 상공회의소에서는 어느 대학에서 성인들을 대상으로 열리는 무료 경영학 강좌를 후원하고 있었습니다. 여기에 개설된 여러 과목들 중에서 매주 화요일마다 열리는 마케팅 관련 강좌가 있었는데, 도로시는 그녀가 모집한 세 명의 사업자와 함께 이 강좌에 등록하였습니다.

그리하여 도로시와 세 명의 사업자들은 마케팅 기법에 관하여 여러 가지 내용을 배울 수 있었습니다. 하지만 그들이 이 강좌에 등록한 목적은 이 강좌의 수강생들이야말로 최상의 잠재 고객이라는 것을 알고 있었기 때문이었습니다. 그들은 매주 화요일마다 자신들의 사업설명 기술을 연습하였고 다른 강좌의 수강생들과도 친분을 나눴습니다.

도로시가 그곳을 최상의 장소라고 여기게 된 것은 다음과 같은 이유 때문이었습니다.

① 그곳에 참석한 사람들은 적극적인 사람들이거나 미래를 준비하는 사람들이었습니다. 즉, 그들은 외향적이고 거리낌이 없을 뿐만 아니라 편견이 많지 않은 사람들이었습니다.

② 그들은 자신들의 경제상황을 개선시키려는 강한 욕망을 가진 사람들이었습니다. 또한 그들은 새로운 기술

을 익히기 위해 여가시간을 포기할 정도로 의욕이 넘치는 사람들인 것입니다.

③ 그들이 바라는 것은 보다 나은 삶이었습니다. 그들은 현재의 직업에서 얻는 보상에 대해 만족하지 않았고 자신의 경제적 목표를 달성하기 위한 해법을 찾고 있었습니다.

최상의 대상자를 찾는 이 독창적인 방법은 두 가지 면에서 큰 장점을 지니고 있었습니다.

① 비용이 들지 않는다는 사실입니다. 그 강좌는 무료 강좌였습니다.

② 도로시와 세 명의 사업자들은 이 강좌에 참석함으로써 앞으로 이 일을 해나가는 데 있어서 큰 도움이 될 지식들을 익힐 수 있었습니다.

수강생들을 설득하는 일은 대단히 쉬웠습니다. 이들이 한 일이라고는 그 수강생들의 필요에 부응할 몇 가지 혜택들에 대해 언급한 것뿐이었습니다.

예를 들면 다음과 같습니다.

① 이 사업은 꾸준하게 소득을 안겨줍니다.

비록 처음에는 소득이 얼마 되지 않을 수도 있지만, 그것은 매달 차곡차곡 쌓여갈 것입니다. 그리하여 시간이 지나면 이 부업을 통해 기본적인 생계비를 충당할 수 있게 됩니다.

그들은 이 설명만 듣고도 즉시 가입을 결정했습니다. 그들 중에는 지금 당장 네트워크 마케팅을 시작하고 싶다고 말하는 사람들도 있었습니다.

② 네트워크 마케팅 사업은 일단 기반이 잡히기만 하면 본업에서 나오는 수입을 능가하는 소득을 매달 얻을 수 있습니다.

또한 설사 당신이 활동을 계속하지 않는다고 해도 당신의 잔여소득은 계속해서 지급됩니다. 이것은 마치 당신이 아프든 아프지 않든 지급되는 상해보험과 같은 것입니다.

자신이 노력하기만 하면 그 수입은 얼마든지 증가하고 새롭게 한 달이 시작될 때마다 보장된 소득을 받을 수 있다는 사실은 이들에게 대단한 자극을 주었습니다.

③ 매달 추가 소득을 올리는 것을 싫어하는 사람은 없습니다.

도로시는 부업을 통해 매달 500달러라도 벌 수 있다는 사실이 얼마나 신나는 일인지를 말해 주었습니다. 사실 10%정도 되는 은행이자로 매달 500달러를 받으려면 은행에 60,000달러를 예치해야만 합니다.

도로시는 수강생들에게 이런 질문을 던졌습니다.

"60,000달러나 되는 돈을 모으는 일이 얼마나 어려운

지는 다들 아시죠?"

그러자 이들은 60,000달러의 돈을 모으는 것보다는 네트워크 마케팅 사업을 하는 것이 훨씬 더 쉽다는 데 의견의 일치를 보았습니다.

④ 부업으로 네트워크 마케팅 사업을 하는 것은 위험부담이 전혀 없습니다.

이 일은 단지 자신의 본업에서 나오는 소득보다 이 일에서 얻는 소득이 많아질 때까지 본업을 유지하면서 부업으로 하기만 하면 됩니다.

재정적인 독립을 이룩하는데 있어서 이보다 더 좋은 방법이 어디 있겠습니까! 이 사업은 금전적인 투자나 위험부담을 떠안을 필요가 전혀 없습니다.

그 결과는?

도로시와 세 명의 사업자들은 43명의 수강생 가운데 강사를 포함해서 23명을 후원할 수 있게 되었습니다! 그리하여 도로시는 단 30일 만에 목표량을 300% 초과 달성했습니다.

네트워크 망을 구축하는 일이 어렵지 않았느냐는 질문을 받을 때마다 도로시는 이렇게 대답합니다.

"양어장에서 낚시하는 것 같았죠."

마법의 콩

아주 먼 옛날, 한 바보가 살고 있었습니다.

어느 날 그 바보는 어떤 사람의 꼬임에 넘어가 마법의 콩 몇 알과 자신이 가진 전 재산을 맞바꾸었습니다. 이렇게 시작하는 『잭과 콩나무』라는 이야기는 다들 알고 있을 것입니다.

내가 지금 하려는 이야기는 그 이야기가 아닙니다.

네트워크 사업자인 조는 빅 알에게 자신의 그룹이 점점 자기만족에 빠져가고 있다고 설명하였습니다.

"그들은 최근에 새로운 사람을 하나도 후원하지 못했어요. 아무 것도 제대로 되는 일이 없는 것 같아요. 저는 포상금도 걸어보고 경쟁도 시켜보고 친절하게 설득도 해보았지만 그들은 목표조차 세우려들지 않아요. 저는 완전히 지쳐버렸어요. 어떻게 하면 좋죠?"

빅 알이 대답했습니다.

"당신의 사업자들이 사업에 더 이상 재미를 느끼지 못하고 있군요. 그렇죠? 재미가 없으면 생산도 없는 법이죠. 이럴 때야말로 당신의 사업자들에게 목표설정이 가장 필요한 시기입니다."

"글쎄요, 그들에게 목표를 다시 세우도록 설득해 보았지만 그들은 아무런 반응이 없었어요. 물론 저는 그들에게 필요한 것은 장기적인 계획이 아니라 단기목표라는 것을 알고 있지만, 어떻게 하면 그들에게 목표를 세우도록 할 수 있을지 난감합니다."

"조, 뭔가 좀 재미있는 일을 꾸며 봐요. 그러면 그들은 자신도 모르는 사이에 단기목표를 성취하게 될 겁니다. **마법의 콩 캠페인** 같은 것은 어때요? 이것은 재미도 있고 당신의 사업자들로 하여금 새로운 사람들을 찾아가도록 해줄 수도 있을 텐데요. 일단 사업자들이 새로운 대상자들을 얻기만 한다면 나머지 문제는 자연스럽게 해결되지 않겠어요?"

그러자 조는 얼른 자신의 수첩을 꺼내들며 말했습니다.

"저는 준비가 되어 있습니다. 어떻게 하면 그러한 기적이 일어나는 거죠?"

"먼저 강낭콩 한 봉지를 사세요. 그리고 모든 사업자가 참석하는 대규모 미팅을 소집하되 이것은 교육이나 사업설명을 위한 미팅이 아니라 **마법의 콩이라는 특별미팅**이라고 말하세요. 그러면 호기심 때문에라도 나올 겁니다."

"저처럼 커다란 그룹을 맡고 있는 사람에게 좋은 방법이로군요."

"일단 미팅이 시작되면 사람들에게 이 콩은 평범한 콩이 아니라 사업자들을 자라게 만드는 마법의 콩이라고 말하세요. 그리고 여러분은 특별하기 때문에 각 사람에게 세 알씩만 나눠주겠다고 말하세요.

그 다음에는 그것을 사용하는 방법을 말해주는 겁니다. 그 콩은 그들이 올바르게 사용할 때에만 마법을 발휘할 수 있습니다. 먼저 아침에 그 세 알의 콩을 왼쪽 주머니에 넣습니다. 그리고 새로운 대상자에게 접촉하여 만날 약속을 하려는 시도를 할 때마다 콩 하나를 꺼내어 오른쪽 주머니로 옮겨 넣습니다. 그 시도가 성사되느냐 되지 않느냐는 중요하지 않습니다. 단지 시도하는 것만으로도 콩을 옮겨 넣을 수 있습니다.

마법의 비밀은 그 하루가 끝나기 전에 세 알의 콩을 모두 오른 쪽 주머니에 옮겨 담는데 있습니다. 이렇게 함으로써 당신의 사업자들로 하여금 새로운 사람들과 매일 최소한 세 번의 접촉을 하도록 할 수 있습니다. 이것은 재미도 있고 시간도 오래 걸리지 않지요. 새로운 사람들에게 접근하려는 시도가 거듭되다 보면 약속이 성사될 확률이 높아집니다.

지금 그들이 아무런 약속도 받지 못하는 이유는 사람들을 만나지 않기 때문입니다. 일단 사람들을 만나서 약속을 받아내면 이들의 자신감과 열정은 다시 살아날 것입니다."

조는 빅 알의 말을 하나도 빠짐없이 수첩에 받아 적고는 이렇게 말했습니다.

"콩을 두 봉지 사야겠어요."

사실이라고 믿기에는 너무나 좋은

남자가 죽어서 천국의 문에 이르렀습니다. 성 베드로가 천국의 문 앞에서 그를 맞으며 말했습니다.

"제 사무실에 잘 오셨습니다. 우선 앉으시죠. 우리 천국에서는 당신에게 선택권을 드리는 새로운 프로그램을 시행하고 있습니다."

그 남자가 대답했습니다.

"그래요? 굉장하군요. 어서 들려주세요."

성 베드로가 말했습니다.

"이 새로운 프로그램에 따라 당신은 천국으로 갈 수도 있고 원한다면 다른 곳으로 갈 수도 있습니다."

그 남자는 잠시 생각하더니 말했습니다.

"글쎄요, 저는 뭐든지 꼼꼼히 따져보는 편이죠. 제가 그 두 곳을 한 번 볼 수 있을까요? 저는 사실에 기초하지 않고는 판단을 내리지 않는 성격이거든요."

성 베드로는 이에 동의하고 그 남자를 천국으로 데려가

잠시 둘러볼 수 있도록 해 주었습니다.

"여긴 꽤 괜찮은 곳이군요. 조용하고 차분하고 평화로워요. 하지만 당신도 알다시피 전 활동적인 사람입니다. 다른 곳을 둘러봐도 괜찮겠죠?"

"물론이죠."라고 성 베드로가 대답했습니다.

그리고 그 두 사람은 '다른 곳'에 내려가 문을 열었습니다. 그러자 그곳은 사방에서 불이 번쩍거리고 귀가 찢어질 정도로 음악이 울려 퍼졌으며 사람들은 술에 취해 춤을 추면서 온갖 재미란 재미는 다 보고 있었습니다.

"믿을 수가 없어요. 난 여기가 이런 곳일 거라고는 생각도 못했어요! 당신도 알다시피 전 살아있을 때 파티를 굉장히 즐겼거든요. 전 이곳이 정말 마음에 들어요."

성 베드로가 웃으며 말했습니다.

"좋습니다. 제 사무실로 돌아갑시다. 결정할 시간이거든요."

성 베드로의 사무실에 다시 앉은 그 남자는 말했습니다.

"천국도 정말로 괜찮았어요. 아름답고 조용하고 평화롭고. 하지만 당신도 알다시피 살아있을 때 전 파티라면 사족을 못 썼죠. 전 그 '다른 곳'이라는 데가 그런 곳일 줄은 꿈에도 생각지 못했어요. 솔직히 말해 저는 그 '다른 곳'으로 가고 싶군요."

그러자 성 베드로가 대답했습니다.

"당신의 결정을 받아들이겠습니다. 어서 내려갑시다."

그들은 아래로 내려가 문을 열었습니다. 하지만 이번에는 무시무시한 불꽃이 활활 타오르고 있었습니다. 성 베드로는 그 남자를 안으로 밀어 넣고는 문을 쾅 닫아버렸습니다. 그러자 어느 덩치 큰 남자가 그의 멱살을 움켜쥐며 소리를 질렀습니다.

"여기 삽이 있다. 어서 석탄이나 퍼 넣어!"

화로에 석탄을 퍼 넣기 시작한 지 한 20분쯤 지났을까, 그 남자는 일을 멈추고 자신의 모습을 돌아보았습니다. 그의 모습은 더럽고 땀으로 뒤범벅이 되어 있었습니다. 그는 자신에게 삽을 준 덩치 큰 사내를 바라보며 물었습니다.

"도무지 이해할 수가 없어요. 조금 전에 제가 여기에 왔을 때는 여기저기서 음악이 흘러나오고 사람들은 술을 마시며 춤을 추고 있었어요. 그땐 정말 굉장했는데 어떻게 된 거죠?"

그러자 그 덩치 큰 사내가 그를 돌아보며 말했습니다.

"아, 그거? 그건 우리 사업설명회였어!"

요즘 사람들은 남의 의견에 쉽게 동의하지 않습니다. 즉, 사람들은 네트워크 사업자나 리더들이 생각하는 것 이상으로 영리한 것입니다. 그러므로 만약 우리가 우리의 사업가 능성에 대해 지나치게 과장을 한다면 우리는 잠재적인 사업 자들로부터 신뢰를 잃게 될 것입니다.

우리의 예비사업자들이 사업설명회에 참석하는 이유는 이 사업의 가능성에 대해 정당한 평가를 듣기 위해서입니다. 그들은 축제 분위기 속에서 행해지는 일방적인 게임을 보러 오는 것이 아닙니다.

그러므로 항상 예비사업자의 입장에 서서 생각할 줄 알아야 합니다. 당신 같으면 앞에 나가서 말하는 사람의 한 마디 한 마디에 박수를 보내는 청중들을 보면서 무슨 생각이 들겠습니까?

그러한 분위기 속에서는 대부분의 사람들이 뭔가 조작된 것이라는 느낌을 받게 될 뿐입니다. 그리고 '다른 쪽'의 이야기를 들어보아야겠다는 생각으로 가입을 거절할 것입니다.

만약 그 자리에서 가입하기로 결정했더라도 그 사람은 며칠이 지나지 않아 냉혹한 현실과 정면으로 이마를 부딪치게 될 것입니다. 사업설명회에서 보았던 것처럼 환상적인 수입을 올리는 것이 얼마나 어려운 일인가를 깨닫는 순간, 속았다는 느낌에 화가 치밀어 오를 수도 있습니다.

이것은 성공을 위해 조금도 바람직한 일이 아닙니다.

그렇다면 과장된 설명을 하지 않고도 바라는 결과를 얻을 수 있을까요?

그렇습니다! 오히려 사업 평가를 실제보다 다소 낮게 함으로써 훨씬 더 나은 결과를 얻게 될 수도 있습니다. 낮은 사업 평가는 신빙성을 주고 신빙성은 신뢰를 심어줍니다.

결코 이 사업을 하는 대부분의 사업자들은 금방 부자가 되었고, 유명해졌다고 말하지 마십시오. 그렇게 말하는 대신, 다소 낮은 평가를 할지라도 그것이 더 나은 신뢰와 믿음을 가져다줄 수 있다는 사실을 기억하십시오.

예를 들면, 다음과 같이 말하면서 사업설명을 끝마치는 것도 좋습니다.

"이 사업이 놀라운 가능성을 가지고 있다는 것은 사실입니다. 하지만 그것은 당신이 열심히 노력한다는 조건 하에서만 그렇습니다. 제 그룹 안에는 자신의 노력을 10%정도만 기울이는 사업자들도 있습니다. 그렇기 때문에 그들은 쉽게 좌절하고 또한 이 사업에서 바라는 소득을 얻지 못합니다. 그리고 그들이 10%의 노력만 기울이기 때문에 저 역시 그들을 돕기 위해 10%의 노력밖에 기울일 수가 없습니다.

다른 한편으로 제 그룹 안에는 자신의 노력을 100% 기울이는 사업자들도 있습니다. 그들은 이 사업을 위해 자신을 100% 투자하기 때문에 저 역시 그들이 성공하는 것을 돕기 위해 100%의 노력을 기울이고 있습니다.

우리는 함께 노력할 때에만 성공할 수 있습니다. 이 사업은 당신이 노력한 만큼 얻을 수 있는 사업입니다."

이제 판단은 예비사업자가 하는 것입니다. 그는 이 사업이 결코 거저먹기가 아니라는 것을 알게 되었을 것입니다. 또한 그는 이 사업의 좋은 점과 나쁜 점을 함께 이야기해주는 당신의 진실성을 높이 사게 될 것입니다.

그리고 설령 그가 불로소득을 꿈꾸며 이 사업에 뛰어들었다가 실패한다 해도, 당신이 분명히 노력 여하에 따라 결과가 달라진다는 점을 충분히 이야기했기 때문에 당신을 원망하지는 않을 것입니다. 게다가 우리가 정말로 원하는 것은 누군가에게 부를 향한 무임승차권을 쥐어주는 것이 아닙니다. 자기 몫의 노력을 하지 않으면 아무 것도 얻을 수 없는 것이 세상의 이치입니다.

만일 우리의 예비사업자가 가입을 하여 100%의 노력을 기울인다면 스폰서와 초보사업자 모두 승리자가 되는 것이 아니겠습니까?

과장 없는 사업평가는 당신으로 하여금 더 많은 예비사업자를 만날 수 있게 해줄 수 있습니다. 사람들은 이 사업의 밝은 면과 어두운 면을 모두 포함하는 공정한 정보를 얻었다고 생각할 때, 가입하기로 마음을 굳힐 것입니다.

왜 사람들은 당신을 믿지 않는가?

네트워크 사업자 조가 빅 알의 집을 방문하였다.

"정말이지 믿을 수가 없어요."

조는 신음하듯이 말했습니다.

"제가 최근에 만난 사람들이 하나같이 제 권유를 거절했어요. 이 사업은 그들이 인생에서 바라는 모든 것들을 실현시켜줄 수 있는데도 그들은 그것을 거절한 거예요. 그 사람들은 마치 현재의 비참한 상황에 만족하고 있는 것 같더군요!"

"당신의 말속에 이미 당신의 물음에 대한 답이 있습니다." 빅 알이 대답했다.

"자, 그러면 왜 사람들이 그렇게 행동하는지 한 번 살펴봅시다."

그렇게 말하고 나서 빅 알은 톰과 앤의 이야기를 들려주기 시작했습니다.

"여러 해 전, 저는 자신들의 생활에 만족하고 있던 톰과 앤에게 일생일대의 기회를 제공했습니다. 저는 네트워크 마케팅 사업을 통해 재정적 자유를 얻을 수 있다는 것을 발견하고는 흥분해서 이들 부부에게 도전했죠. 나는 그들에게 종이를 주고 대부분의 사람들이 살아가면서 가장 갖고 싶어하는 것들을 적어보라고 했죠. 그들은 다음과 같은 것들을 적어주었습니다.

고급승용차(벤츠)	대저택	경비행기
요트	주식	부동산
100억	섬	세계여행
다이아몬드	모피코트	농장

사람들이 가장 갖고 싶어 하는 것들을 적은 후에 한 가지 이상한 일이 일어났습니다.

톰이 말했죠.

'당신도 알다시피 우리가 정말로 벤츠를 원하는 것은 아니에요. 그걸 타고 다니면 친구들이 뭐라고 생각하겠어요? 그들은 아마도 우리가 돈 좀 있다고 뽐내고 다니는 속물이라고 생각하겠죠. 게다가 우린 외제차는 별로 좋아하지 않거든요. 낡아보여도 우리 것이 최고죠.'

아내가 옆에서 거들었습니다.

'대저택이요? 아니에요. 그 부동산에 매겨지는 세금에다 큰집을 날마다 청소하는 일을 한번 생각해 보세요. 게다가 그리로 이사하면 이웃과도 멀어지게 될 걸요. 우리는 그런 것을 바라지 않아요. 조금 좁아도 우리 집이 제일 좋아요.

그리고 경비행기는 위험해요! '추락하는 것은 날개가 있다' 는 말도 있잖아요. 저는 날아다니는 것을 좋아하지 않아요.'

톰이 말을 이었죠.

'요트는 그저 값비싼 장난감에 불과해요. 요트가 있다 해도 그걸 어디에다 두겠어요? 우리는 바닷가에서 수백 킬로미터나 떨어진 곳에서 사는데. 그리고 요트를 타다가는 배멀미하기 십상이죠. 바다 한 가운데서 폭풍을 만날 위험성도 있고요.'

'예전에 주식을 한 적이 있어요. 끔찍했죠. 주가가 떨어지는 바람에 돈을 몽땅 날렸어요. 게다가 날마다 그 숫자 판을 마주 대하면서 느껴야 하는 중압감은 또 어떻고요. 투자를 한다는 건 너무나 많은 시간과 에너지를 낭비하는 일이에요.'

'친구들 중에 건물을 지어놓고 주택 임대사업을 하는 친구가 있었죠. 얘기를 들어보니 끔찍하더군요. 세입자들이 한밤중에 물이 뚝뚝 흐르는 수도꼭지를 들고 와서는 갈아달

라고 하질 않나 경비가 갑자기 그만두겠다고 나가버리질 않
나…. 어쨌든 온갖 어려움이란 어려움은 죄다 겪는 것을 보
았습니다. 우리한테 돈이 있어도 부동산에 투자하고 싶지는
않아요.'

'부자들의 문제가 뭔지 아세요? 어느 날 100억이 내 손에
들어오면 무슨 일이 벌어지겠어요? 우선 우리가 치러야 하
는 세금을 한번 생각해 보세요. 세무서를 쫓아다니느라 낭
비하는 시간에다, 친척들은 너도나도 손을 벌리려 들걸요?
돈이 인생의 전부는 아니라는 것은 확실하죠. 그래서 우리
는 우리가 살아가는데 돈이 장애물이 되는 것을 원치 않아
요.'

'섬이요? 농담하세요? 그런 곳은 태풍이 오면 대피할 곳
도 없어요. TV는 제대로 나오겠어요? 아마 정신이 좀 이상
한 사람이라면 그런 곳을 좋아할지도 모르죠.'

'저는 사람들이 왜 세계여행을 다니는지 이해할 수가 없
어요. 지루하게 기념관이나 교회 같은 곳을 찾아다니거나
아니면 그 나라의 삶의 현장을 둘러본다는 명목으로 지저분
한 거리나 방문하는 것이 고작인데요. 게다가 돈 많은 미국
인들이 여행할 때 제일 조심해야 하는 것이 무엇인지 아시
죠? 바로 몸값을 노리고 납치하는 거죠!'

'저한테 다이아몬드가 있다면 그것을 지니고 사람들 앞에

나설 때마다 걱정이 앞설 걸요? 도둑들의 첫 번째 표적이 되거든요. 만약 안전하게 금고에 넣어둘 것이라면 그것을 가지고 있어봐야 무슨 소용이 있겠어요? 보험도 들어놓아야 할 텐데 그 비용은 또 어떻고요.'

'저라면 죽은 짐승의 털가죽을 입고 다니진 않겠어요. 그걸 입고 다니면 동물보호론자들이 뭐라고 할지를 생각해 보세요. 5년 된 저의 물개가죽 코트도 아직 입을 만해요.'

'가장 우스운 것 중의 하나가 농장을 갖겠다는 것이에요. 농장에서 말을 키우면 우선 그 말들을 돌봐야할 것이 아니겠어요? 우리한테 돈이 많이 있다면, 우리는 절대로 남은 생을 말똥이나 치우면서 살고 싶진 않아요.'"

네트워크 사업자 조는 자기만족에 빠진 이 사람들의 이야기를 듣고 난 후에 미소를 지었습니다. 그것은 마치 자신이 최근에 만났던 사람들의 이야기를 반복하고 있는 것 같았기 때문입니다.

"사람들이 자신들의 꿈과 열망을 죽이며 살아가는 모습이 참으로 놀랍기만 하군요."

조가 말했습니다.

"그런데 사람들은 왜 그런 생각을 할까요? 왜 어떤 사람들은 내적인 동기부여를 전혀 받지 못하는 걸까요?"

빅 알은 그 자기만족 부부가 적었던 물건들 주위로 큰 원을 그렸습니다.

"이것을 그들의 꿈이라고 부릅시다."

빅 알이 말했습니다.

"젊었을 때 사람들은 나름대로 자신만의 꿈을 갖고 있습니다. 여기 옆에다가 자기만족 부부의 수입을 나타내는 원을 그립시다. 이 작은 원은 꿈을 실현시켜줄 수단이 되는 수입을 나타냅니다.

불행하게도 수입원에 들어가기에는 꿈이 너무나 큽니다. 그래서 이 자기만족 부부는 조정에 들어가는 거죠. 이들이 할 수 있는 일은 수입을 나타내는 원을 크게 늘리거나 꿈을 나타내는 원을 크게 줄이거나 둘 중의 한 가지입니다. 그리고 이들은 결국 후자를 선택한 것입니다."

빅 알은 다음과 같은 말로 결론지었습니다.

"톰과 앤 부부는 아마도 결혼할 당시, 이 모든 꿈들을 가지고 있었을 것입니다. 하지만 이들은 많은 사람들이 그러한 것처럼 점점 경제적인 독립을 달성하는 것은 소수의 엘리트들에게나 가능한 것이라고 믿게 됩니다. 특별한 기적이 일어나지 않는 한, 그렇게 꿈을 하나하나 줄여나가는 것이 인생을 살아가는 방법이라고 여기게 되는 것입니다. 그리고 그들의 모든 친구들과 주변 사람들이 이들의 이러한 결정이 옳다는 증거들을 제시하기 시작합니다. 그들은 이전에는 꿈과 행복의 상징이었던 물건들을 소유한다는 것이 얼마나 번거롭고 좋지 않은 일들을 겪게 만드는지를 이야기하겠죠. 이렇게 몇 년 동안 세뇌를 받게 되면 사람들은 자기합리화에 빠져 꿈을 내동댕이쳐 버리는 겁니다.

가장 슬픈 일은 이렇게 모든 꿈을 포기해버린 사람들을 돕는다는 것은 거의 불가능한 일이라는 점입니다. 이들로 하여금 다시 적극적으로 꿈을 실현하기 위해 일하도록 만드는 데에만 몇 년의 시간이 걸릴 수도 있습니다.

이 사업에서 우리가 찾아야 하는 사람들은 도전하려는 의욕이 남아있고 꿈이 있는 사람들입니다. 우리가 할 수 있는 일은 사람들이 자신의 목표를 달성하는 것을 돕는 것입니다. 하지만 사고방식 자체를 바꿔 다시금 인생의 목표를 설정하도록 도울 만한 시간적 여유가 우리에겐 없습니다.

그렇기 때문에 당신이 자기만족에 빠진 사람들의 사고방식을 바꾸려는 노력을 하지 않은 것은 잘한 일입니다. 우리가 해야 할 일은 기회를 찾고 있는 사람들을 발굴해내는 것입니다."

네트워크 사업자 조가 사무실에 살림을 차리다

"**환**상적이야! 이제 여기에 서명만 하면 이곳이 바로 내 사무실이 된다는 거지?"

조는 자신의 새로운 사무실 임대 계약서에 재빨리 사인을 했습니다. 그리고 이제 도시의 한복판에 사무실을 마련했으니 자신의 사업이 하루가 다르게 발전할 것이라고 확신하고 있었습니다.

이 새로운 사무실은 조가 필요로 하던 리더의 이미지를 그에게 심어줄 것입니다. 그리하여 그는 조만간 각 분야의 사업가와 전문가들을 참여시켜 강력한 네트워크 망을 구축할 수 있을 것입니다. 이제 더 이상 집에서 미팅이나 사업설명 자리를 가질 필요도 없고 2대1 미팅을 가질 필요도 없습니다.

바야흐로 그는 큰물에 뛰어든 것입니다.

새로운 사무실을 마련하느라 조는 재정적인 손실을 감수해야만 했습니다. 그는 보증금을 내고 사무실을 2년 계약으로 임대하였고 업무용 전화를 새로 개통하였으며 매달 상당한 금액의 돈을 사무용 가구 할부금으로 지불하게 되었던 것입니다.

그밖에도 여러 가지 잡다한 비용들이 지출되었지만, 조는 자신의 결정이 올바른 것이었다고 확신하고 있습니다. 더군다나 시내에서 가장 깨끗하고 높은 빌딩에 자신만의 사무실을 갖는 특권을 누가 마다할 수 있겠습니까?

'나는 여기서 정기적인 리더십 미팅을 가질 수 있을 거야. 게다가 나의 사업자들은 언제나 어디에 가면 나를 만날 수 있는지 알 수 있지. 이렇듯 적극적인 경영전략이 진정한 리더를 만드는 길이야.'

일주일 뒤, 조는 이사를 마치고 업무를 시작했습니다. 그리고 전화를 받아줄 비서를 따로 두지 않았기 때문에 조는 오전 9시에서 오후 5시까지 꼬박 사무실을 지켜야 했습니다. 물론 자동응답기를 사용할 수도 있었지만 그것은 사람들에게 좋은 인상을 심어주지 못한다는 생각이었습니다.

그러다가 하루 종일 사무실에 매여 있는 것에 지친 조는 광고를 내기로 결정하였습니다. 광고를 보고 찾아오거나 문의를 하는 예비사업자들과 대화하는 것이야말로 그의 시간을 활용할 수 있는 가장 좋은 방법일 것이라고 생각했기 때문입니다.

그리하여 그 지역의 한 신문에 조의 광고가 실렸습니다.

·

> **구인 광고**
> 부업으로 월 300~500달러를 벌 수 있음.
> 무료 교육.
> 사업 리더로 성장할 무한한 잠재력이 있는 분야.
> 999-9999

월요일 아침, 전화벨이 울렸습니다. 조가 사는 도시에는 보수가 넉넉한 부업거리를 원하는 사람이 많이 있었던 것입니다. '내가 제대로 짚었어!' 그 날 아침, 35번째로 걸려온 문의전화를 끊으며 그는 생각했습니다.

쇄도하는 문의전화로 즐거운 하루를 보낸 조는 빨리 시간이 지나 화요일이 되기만을 초조하게 기다렸습니다.

'면담을 약속한 사람만 해도 14명, 거기다가 그 사람들이 나를 만나러 이곳으로 온다니! 나를 만나러 일부러 찾아오는 사람들을 후원하는 일이야 식은 죽 먹기지. 이제 나에게는 벤츠를 주문하러 가는 일만 남은 셈이지.'

다음 날 아침, 첫 번째로 약속한 사람이 아침부터 조의 사무실 문 앞에서 기다리고 있었습니다.

"신문에 난 광고를 보고 찾아왔습니다. 제가 바로 당신이 찾는 적임자라고 확신합니다. 저는 일자리가 몹시 필요하고 지금 당장 시작할 수 있습니다."

조는 그 젊은이를 사무실 안으로 데리고 들어가서 네트워크 마케팅의 개념과 사업전망에 대해 설명하기 시작했습니다. 조는 제품과 교육과정에 대하여 자세하게 설명하였습니다. 그리고 그 사업이 갖는 안전성과 무한한 가능성에 대해서도 들려주었습니다. 조의 사업설명이 끝나갈 즈음, 문 밖에는 다른 두 명의 사람이 더 와서 자신들의 차례를 기다리고 있었습니다. 첫 번째 젊은이가 말했습니다.

"한번 생각해 보고 내일 연락드리겠습니다."

조는 다음 두 사람을 불러서 마찬가지로 사업전망에 대해 설명하기 시작했습니다.

몇 분 뒤, 조는 자신이 커다란 실수를 범하고 있다는 사실을 깨달았습니다. 그 두 사람에게 동시에 이야기하는 것은 어려운 일이었던 것입니다. 그것은 마치 2대1 미팅을 역으로 하는 것과 같았습니다. 주의를 산만하게 하는 요인은 그것뿐만이 아니었습니다. 조의 광고 덕분에 전화가 수시로 울려댔던 것입니다.

게다가 조의 그룹에 있는 사업자 가운데 세 명이 조의 조언을 구하기 위해 그의 사무실에 들렀습니다. 또한 사무용

품 판매원이 혹시 복사기를 팔 수 있을까 싶어 조의 사무실을 찾았습니다. 그리고 조의 어머니가 새로 연 사무실이 잘 돌아가는지 확인하려고 전화를 걸었습니다.

그 와중에 조와 면담을 하던 두 사람은 흥미를 잃어버리고 자리에서 일어났습니다. 하지만 조는 걱정할 필요가 없었습니다. 그는 아직도 그 날 하루에만 11명과 더 만나기로 약속이 되어 있었던 것입니다.

그러나 그 날 하루의 나머지 부분도 결국 그런 식으로 흘러갔습니다. 심지어 어떤 사람은 나타나지도 않았고 방문한 사람들은 하나같이 가입하려 하지 않았습니다. 그러한 혼란 속에서도 조는 아홉 사람으로부터 수요일에 방문하겠다는 약속을 받았습니다.

수요일에는 중간에 찾아오는 사람이나 전화로 인해 방해받는 일이 훨씬 줄어들었습니다. 하지만 별다른 방해도 받지 않고 진행된 사업설명에도 불구하고 아무도 조의 후원을 받으려 하지 않았습니다. 문득 조는 이런 생각이 들었습니다.

'나의 설명 방식에 뭔가 문제가 있는 것인가?'

그리고 목요일이 되자, 사무실은 고요했습니다. 조는 앞으로의 전략을 세우고 지난 이틀간의 성과에 대한 평가를 하면서 시간을 보냈습니다. 그의 성과는 실망스러운 것이었지만, 많은 사람들을 향해 사업설명을 했다는 점에서는 긍정적인 평가를 내릴만했습니다.

금요일에 조는 세 명과 면담 약속이 있었습니다. 그런데 처음 두 사람이 약속시간이 지나도 나타나지 않자 어깨가 축 처지기 시작했습니다. 그리고 세 번째로 약속한 사람은 약속시간이 한참 지나서야 늦게 도착했습니다. 하지만 조는 자신이 할 수 있는 최상의 사업설명을 그에게 행했습니다.

그가 가입을 거절했을 때, 조는 마지막 자존심을 삼키며 이렇게 말했습니다.

"제가 생각하기에 이 이상의 좋은 사업기회는 없습니다. 왜 가입하지 않겠다고 하시는 것인지 그 이유를 솔직하게 말씀해 주시겠습니까? 저는 이번 주에만 15명이 넘는 사람들을 만났지만 그 분들은 한결같이 가입을 거절했습니다. 물론 그들 나름대로 뭔가 이유가 있었겠지만, 당신은 왜 사업자가 되는 것을 거절하는지 그 이유를 들려주실 수 있겠습니까?"

그 사람의 대답은 간단했습니다.

"조, 당신의 사업전망은 정말 굉장합니다. 하지만 제가 필요한 것은 전망이 아니에요. 저는 일자리가 필요합니다. 저는 돈을 벌려고 여기에 온 것이지 돈을 쓰려고 온 게 아니에요.

당신의 프로그램대로라면 저는 네트워크 사업자가 되기

위해 몇 가지 잡다한 물건을 사야하고 초기 상품 구입비를 투자해야 합니다. 그 돈은 제 주머니에서 나가게 되어 있는데 저는 제 주머니로 들어올 돈이 필요하다 이겁니다. 저는 무한한 가능성 같은 건 바라지도 않아요. 제가 필요로 하는 것은 이 달에 돌아올 신용카드 대금을 결제해줄 부업을 갖는 거예요."

조는 그의 솔직한 대답에 감사하며 다른 일자리를 찾아가는 그의 발걸음에 행운이 따르기를 빌어주었습니다.

'내가 그걸 몰랐다니! 왜 내가 구인광고를 내겠다는 생각을 했을까? 지금까지 이 도시에서 가장 준비되지 않은 사람들만 불러들인 셈이군. 내 사업설명 기술이 녹슬어서 실패한 것이 아니라는 점은 다행이야. 다음 주에 새로 광고를 내야겠어. 이번에는 경제 · 경영란에 말이야. 그러면 최소한 준비된 대상자들을 만날 수는 있을 테니까.'

그리고 일요일 신문에 다음과 같은 광고가 실렸다.

최상의 사업기회
당신만의 부업을 가져보십시오.
유망한 네트워크 마케팅 회사에서 사업자를 모집합니다.
사업 초기 비용 100달러 이하.
전화 : 999-9999

월요일은 신나는 하루였습니다. 조에게 걸려온 전화는 지난번의 경우보다 적었지만, 전화의 내용은 기대 이상이었던 것입니다. 전화를 건 사람들은 적은 비용으로 시작할 수 있는 사업기회를 몹시 바라고 있었습니다. 조는 이미 지난주의 소동을 겪으며 하루에 너무 많은 약속을 잡지 않아야 한다는 교훈을 얻은 바 있었기 때문에 이번에는 각각 4차례의 약속을 화요일, 수요일, 목요일에 나누어 배정하였습니다. 그리고 더 전화가 걸려오면 그 사람들은 금요일에 약속을 정하기로 마음먹었습니다.

화요일, 첫 약속을 한 사람은 자신이 맡아서 경영할 수 있는 사업을 찾고 있었습니다. 하지만 그는 상품을 직접 판매하는 일이나 판매조직을 형성하는 일에는 관심이 없었습니다.

두 번째와 세 번째의 사람들은 이렇게 말했습니다.

"우리는 네트워크 마케팅 사업에는 관심이 없습니다. 우리는 제조업 쪽에 관심이 있습니다."

마지막 약속자는 아예 나타나지도 않았습니다.

그리고 그 주의 나머지 약속자들도 다들 이와 비슷했습니다. 그렇게 단 한 사람의 사업자도 확보하지 못한 채 금요일이 다가왔을 때, 조의 인내심도 서서히 바닥나고 있었습니다.

게다가 몇 차례 더 남은 면담 약속 때문에 사무실을 지켜야 했던 조는 중요한 2대1 미팅 약속까지 취소해야만 했습니다. 조는 자신의 그룹이 점점 퇴보하는 느낌을 받았습니다. 그룹의 사기는 형편없이 저하되어 있었던 것입니다. 왜냐하면 그들은 리더를 잃었기 때문입니다.

조가 새로운 사무실을 내고 의욕에 넘쳐 엉뚱한 사람들을 만나고 있던 2주일 동안 생기 넘치던 그의 그룹은 그가 돌보지 않은 탓에 무기력해지고 말았습니다.

"저는 이 일에 관심이 없습니다."

금요일의 마지막 면담자가 말했습니다.

"그렇다면 가시기 전에 제 부탁 한 가지만 들어주시겠습니까? 저는 이번 주에 여러 사람을 만나 이 사업에 대해 이야기를 나눴습니다. 그런데 제가 만난 모든 사람들이 저의 제안을 거절했습니다. 저는 도무지 이해할 수가 없습니다. 제발 저에게 솔직하게 말씀해 주십시오. 저는 왜 당신이 이처럼 좋은 기회를 거절하는지 그 이유를 듣고 싶습니다."

그러자 그는 깊이 한숨을 내쉬더니 말을 꺼냈습니다.

"제가 여기에 온 목적은 초기 사업비용이 많이 들지 않는 부업을 찾기 위해서였습니다. 조, 저는 정말로 당신을 존경합니다. 당신은 이 사업에서 성공을 거뒀고 저도 할 수만 있다면 당신처럼 하고 싶습니다. 하지만 당신은 이렇게 좋은 사무실에서 사업을 하고 있고 또한 이 정도의 사무실을 유지하기 위해서는 상당한 금액을 투자해야 한다는 것은 누구나 짐작할 수 있는 일입니다. 당신은 여기서 하루 종일 일하면 되지만 저는 제 직장을 그만둘 수가 없습니다. 그리고 당신은 좋은 가구도 사고, 광고도 내고, 그밖에 여러 가지 일들을 할 수가 있지만, 저는 그런 일을 할만한 자본이 없어요. 그런데 제가 당신처럼 성공하려면 저도 그런 일들을 해야 하지 않겠어요? 조, 저는 그런 일을 할만한 돈이 없어요."

조는 그의 솔직한 대답에 대해 고맙다고 말하고 좋은 주말을 보내도록 빌어주었습니다. 그리고 그의 말을 듣고 충격을 받은 조는 그 주의 업무를 끝내기로 결정하였습니다.

'내 사무실에 대해 뭔가 다시 생각해 보아야겠어.'

월요일 아침, 조는 결단을 내렸습니다. 그는 사무실을 없애기로 마음먹었던 것입니다. 그의 사무실은 새로운 사업자들이 도저히 모방할 수 없는 것이었습니다. 네트워크 마케팅 사업은 리더의 활동에 대한 모방과 복제를 통해서만 성공할 수 있다는 사실을 잘 알고 있던 조는 그 사무실이 이러한 시스템과 맞지 않는다는 사실을 깨달았던 것입니다.

"드릴 말씀이 있습니다."

건물의 관리사무실로 들어서며 조가 말했다.

"제가 사무실을 임대하면서 한 가지 결정적인 실수를 저질렀습니다. 제 임대계약을 무효로 할 수 있는지 알고 싶어서 찾아왔습니다."

한 시간의 토론 끝에 그들은 합의를 보았다. 조가 계약을 파기하지 않는 대신, 건물 관리자 쪽에서는 조의 사무실에 샤워시설과 전자레인지를 설치해주기로 했던 것입니다. 즉, 조는 아파트 임대비용이라도 줄이기 위해 그의 사무실로 이사 오기로 결정한 것입니다.

'덕분에 이렇게 유명한 빌딩에 집 주소를 갖게 되었군.'

조는 이렇게 생각하였다.

세상물정에 밝은 척하는 사람은 피하라

당신은 혹시 도시생활에 닳고 닳은 사람을 만나본 일이 있습니까? 누군가가 자신에게 접근하는 것을 항상 경계하고 두려워하는 그런 종류의 사람들 말입니다. 이러한 사람들에게 네트워크 마케팅을 소개하는 것이 쉬운 일일까요?

자기 방어적이고 경계심이 많은 회의주의자들은 자신들에게 다가오는 기회를 좀처럼 받아들이지 않습니다. 또한 이들은 언제나 누군가가 자신에게 접근하여 사기를 치지 않을까 염려하며 경계를 게을리 하지 않습니다. 그리고 그들은 어떤 경우에도 누군가가 자신들을 도우려한다는 것을 믿지 못합니다.

한 가지 전형적인 사례를 살펴보겠습니다.

세상물정에 밝은 사람들은 괄호의 내용처럼 생각합니다.

사업자 : 제가 아크다 회사를 통해 어떻게 하면 당신이 더 많은 돈을 벌 수 있는지 알려드리죠.

(아크다 회사가 큰 기업이 될 수 있었던 것은 어수룩한 녀석들의 돈을 우려먹었기 때문이지. 나는 그런 사기에는 절대로 말려들지 않아.)

사업자 : 아크다 사는 무한한 기회를 제공합니다. 당신은 이 기회를 통해 경제적 자유를 얻을 수 있을 것입니다.
(이 친구는 아크다 사에서 세뇌를 받은 게 틀림없어. 내 지갑을 조심해야겠는걸. 이 친구는 정직해 보이지만 그건 아마도 나를 말려들게 하려고 일부러 그런 척 하는 걸 거야. 내가 말려들면 이 친구는 봉 잡은 거지.)

사업자 : 제가 최선을 다해 당신을 돕겠습니다. 저는 아크다 사와 더불어 당신의 성공을 위해 헌신할 준비가 되어 있습니다.
(세상에 아무런 대가도 없이 남을 돕겠다고 하는 사람은 없지. 이 친구가 나를 끌어들이면 내가 아무 것도 벌지 못하는 동안에 저는 큰돈을 만지고 있겠지?)

이런 식으로 대화는 계속 이어집니다. 하지만 네트워크 사업자가 아무리 열심히 설득하려 해도 이러한 사람들의 거부반응은 절대로 수그러들지 않습니다.
오히려 그는 자신에게 제공된 기회를 거절하기 위해 총력을 기울이게 됩니다. 그는 세상이 언제나 자신을 공격하려 한다고 생각하기 때문에 만약 조금이라도 그러한 기미가 보이면 자신이 먼저 반격에 나서는 것입니다. 상대방이 자신을 도우려 하는 것인지 아니면 사기 치려고 하는 것인지에 상관없이 그 사람의 반응은 항상 똑같습니다.

언제나 공격적인 자세를 보이는 것입니다!

그렇다면 이러한 사람들과 만남을 가진 다수의 선량하고 호의적이며 합법적인 사업을 하는 사람들은 어떻게 될까요? 그들은 이러한 사람들을 피하게 됩니다.

사실, 네트워크 사업자라면 마음의 문을 꼭꼭 닫아 걸은 회의주의자 때문에 마음 상해할 필요는 없습니다. 대신 도움과 기회를 절실히 필요로 하는 협조적인 사람들을 만나는데 시간을 투자하면 됩니다.

만약 그 회의적인 사람이 자신에게 호의적인 의도로 접근하는 사람들을 모두 쫓아내 버리면 그는 어떤 사람들과 어울려 살아가게 될까요?

아마도 그에게는 사기 치고 속이고 훔쳐내려는 사람들밖에 남지 않을 것입니다. 그리고 이것은 또 다시 그가 세상을 바라보는 시각이 옳다는 것을 확증하는 악순환으로 이어지고 맙니다. 그의 회의적인 태도에도 불구하고 굳이 그와 관계를 맺으려고 하는 사람들은 모두들 그를 이용하려는 사람들뿐이기 때문입니다.

결국 이 사람이 바라보는 세상에는 자신을 속이려는 사람들 밖에 존재하지 않게 되는 것입니다.

이러한 사람은 얼마간의 노력으로는 세상을 바라보는 근본적인 태도를 고칠 수 없습니다. 그렇기 때문에 이러한 사람들에게는 무모하게 도전할 필요가 없습니다. 우리가 찾아야 하는 사람은 진정으로 도움을 바라고 기회를 받아들일 준비가 되어 있으며 그것을 기다리는 사람들인 것입니다.

혹시 질문 있나요?

"절대로 사업설명 중에는 질문에 대답하지 마세요."

빅 알이 말했습니다.

"만약 사람들이 의구심을 갖고 있다는 생각이 들지라도 절대로 질문에 대답할 생각을 하지 마세요."

네트워크 사업자 조는 혼란스러웠습니다.

'내가 지금까지 쌓아온 경험정도면 충분할 텐데, 왜 사업설명 중에 질문에 대답하면 안 된다고 하는 걸까? 처음으로 미팅에 찾아온 사람들이 결정을 내리려면 당연히 궁금한 점이 있을 것입니다. 그런데 내가 질문에 대답하지 않겠다고 한다면 그것은 우스운 노릇이 아닌가? 그렇게 하면 신뢰감을 주지 못하거나 마치 뭔가를 숨기려는 것처럼 보이지 않을까?

빅 알이 말을 계속 이었습니다.

"조, 나는 당신이 스스로를 이 지역에서 가장 활발한 활동가라고 생각한다는 것을 알고 있습니다. 당신은 스스로를 전문가라 생각하고 이 분야에 관해서는 어떠한 질문에도 대답할 수 있는 최고의 자질을 갖추었다고 생각하고 있을 것입니다. 하지만 우리가 고객들에게 해야 하는 우리의 의무에 대해 생각해 봅시다. 그들은 자신의 시간을 희생해가면서 우리의 미팅에 참석한 사람들입니다. 그런데 만약 우리가 청중들로부터 질문을 받기 시작한다면 어떻게 될까요?

여기에는 다음과 같은 몇 가지 문제점이 있습니다.

① 우리가 질문에 대답하기 시작하면 우리의 사업설명은 우리가 애초에 계획했던 30~40분보다 더 길어지게 됩니다.

예를 들어 미팅에 새로 참석한 사람들이 20명이 있다고 가정해 봅시다. 이들이 각자 한 가지씩만 질문을 해도 벌써 우리는 20개의 질문을 받게 됩니다.

그리고 처음에 질문을 던지는 사람이 자신의 개인적인 문제에 관하여 질문을 하면 다른 19명의 사람들은 자신과 별로 관계가 없는 사항을 지루하게 듣고 있어야 합니다.

그 다음 사람은 상품주문에 관한 기술적인 질문을 던질 수도 있겠지요. 하지만 이런 식으로 질문이 이어지다 보면, 우리는 사람들을 지루하게 만들고 시간은 한없이 길어지고 맙니다.(이것은 최악의 실수죠.)

② 질문이라고 하는 것은 그 성격상 꼬리에 꼬리를 무

는 법입니다.

한 가지 질문이 던져지면 그것은 다른 사람들의 생각 속에 그와 관련된 또 다른 많은 질문과 생각들을 만들어 내게 되지요. 그러면 당신은 곧 그칠 줄 모르는 질문의 사슬에 옴짝달싹 못하게 될 것입니다.

③ 만약 우리가 고객들의 시간을 소중하게 여기지 않는 다면, 그들은 우리의 경솔함을 책망하게 될 것입니다.

그리고 우리의 사업기회를 열린 마음으로 평가하려 하지 않을 것입니다. 25분간의 지루한 질문시간을 거치고 났을 때, 참석자들이 과연 얼마나 긍정적인 마음을 가질 수 있겠어요?

④ 우리가 고객들의 질문에 대답할 때, 우리는 미팅에 대한 주도력을 잃게 됩니다.

어떤 미팅이든 항상 그 자리를 주도해 나가는 사람이 있게 마련인데, 우리가 바로 그 역할을 해야 합니다. 우리가 방향을 정확하게 잡고서 짧고 밀도 있는 미팅으로 이끌어나갈 때, 참석자들은 우리의 능력에 신뢰를 보내게 될 것입니다.

⑤ 우리가 궁극적으로 원하는 것은 우리의 사업자들이 각자의 미팅을 개최하는 것입니다.

그런데 만일 이들이 우리가 개최한 사업설명을 위한 미팅 자리에서 질문에 일일이 대답하는 것을 지켜본다면,

이들은 스스로 그런 대답을 해줄만한 지식과 경험을 쌓기 전까지는 작은 미팅을 열려고 하지 않을 것입니다.

⑥ 만약 어떤 다른 전문분야에 있는 사람이 당신이 대답할 수 없는 전문적인 질문을 해 온다면 어떻겠습니까?

당신은 사업자들과 예비사업자들이 지켜보는 앞에서 난처한 상황에 처하는 것을 바라지는 않겠지요?

⑦ 이것은 사업을 설명하는 곳이지 교육을 하는 곳이 아니라는 점을 명심하십시오.

우리가 하려는 것은 참석자들에게 사업에 관해 간단한 브리핑을 하는 것입니다. 다시 말해 우리는 이 사업에 관계된 모든 세부적인 사항들을 가르치는 것이 아닙니다. 우리가 바라는 것은 단지 참석자들이 현명한 결정을 내릴 수 있을 만큼의 사실들을 전달해주는 것이지 그 사업설명을 통해 그들을 이 분야의 전문가로 만들려는 것이 아닙니다.

⑧ 만약 우리의 고객들이 개인적인 질문만 한다면 그 질문에 대한 대답 역시 개인적으로 얻어야 합니다.

따라서 어떤 참석자가 내 사업설명 도중 질문을 하기 위해 손을 들면 나는 이렇게 말합니다.

"물론 여러 가지 궁금한 점들이 있으시겠죠. 저는 그렇게 관심을 가져주시는데 대해 고맙게 생각합니다. 그리고 여러분들의 질문 하나하나에 대해 개별적으로 대답해드리겠습니다. 대신 제 사업설명이 끝날 때까지만 질문을 잠시 참아주셨으면 합니다. 조금만 더 기다리시면 곧 끝납니다. 그러면 여러분 각자의 상황에 따른 세부적인 사항들을 충분히 설명해드리겠습니다."

네트워크 사업자 조는 빅 알의 말을 수첩에 받아 적느라 정신이 없었습니다.

"굉장하군요. 저는 고객의 입장에 서서 생각하는 법부터 배워야겠습니다. 미팅장소와 교육장소를 구별해야 한다는 말씀은 정말로 옳습니다. 제가 대답해준 대부분의 질문들은 확실히 다른 사람들을 지루하게 할 만한 것이었고 그 대답을 하느라 미팅시간은 길어지기 일쑤였죠. 그런데…. 왜 웃고 계시는 거죠? 저에게 뭔가 더 해주실 말씀이 있다는 의미인가요?"

빅 알이 웃으며 말했다.

"사업설명회의 참석자 중에는 별다른 생각 없이 그저 재미삼아 참석하는 사람도 있습니다. 그러한 사람들은 남 앞에서 말하는 것을 즐기고 또한 자신의 질문을 받고 상대방이 당황하며 쩔쩔매는 것을 보면서 쾌감을 느끼곤 하죠. 어쩌면 그러한 사람들은 다른 네트워크 마케팅 회사에서 일하는 당신의 경쟁자이거나 아니면 그 날 하루 일을 망쳐서 기분이 몹시 안 좋은 사람일 수도 있습니다. 그 이유가 무엇이든 만약 우리가 그들을 그냥 내버려둔다면 우리의 미팅 자리를 망치려 들 것입니다.

그들이 하는 일은 한 두 가지 곤란한 질문을 던져 대답하는 사람을 그 미팅에서 매장시켜 버리는 것입니다. 세상에는 무슨 대답을 하던 점점 더 깊은 함정으로 빠져들게 만드는 질문들이 있거든요.

조, 나는 당신이 스스로를 전문가라고 생각한다는 사실을 잘 알고 있습니다. 그러면 과연 그 생각이 맞는지 몇 가지 질문을 던져볼까요? 어디 당신이 당황하지 않고 이러한 질문에 잘 대처하는지 한번 봅시다."

조는 기꺼이 그 제안에 응했습니다. 그는 어떠한 질문에도 대답할 자신이 있었던 것입니다. 지금까지 자신을 당황스럽게 만들거나 곤란하게 했던 질문들은 한번도 없었던 것입니다.

"질문을 할까요?"

빅 알이 웃으며 말했습니다.

"제가 하려는 질문은 겉으로는 친절한 척하지만 속으로는 당신이 난처해하는 것을 보고 쾌감을 얻고 싶어 하는 참석자가 던지는 것입니다. 이제 당신은 고객들로 꽉 찬 미팅 장소에 있다고 생각하십시오.

첫 번째 질문 : "조, 저는 언젠가 신문에서 당신네 회사의 설립자가 부정한 사기꾼에다가 아동 성추행 범이라는 기사를 읽었습니다. 물론 제 개인적으로는 이러한 사실들에 크게 구애받지 않습니다. 하지만 만일 제가 이 사업에 뛰어들어 사람들을 참여시켜야 할 때, 그 사람들에게는 이 점을 어떻게 해명해야 하죠? 사람들이 그 설립자가 자기네들한테 다시 사기를 치면 어쩌겠냐고 묻는다면 뭐라고 하죠? 저는 도대체 그 질문에 어떻게 대답해주어야 할지 모르겠어요. 제가 뭐라고 해야 하죠?"

조는 잠시 우물쭈물하다가 얼굴을 붉히고 말을 더듬으며 대답했다.

"글쎄요, 그 분은 그렇게 나쁜 사람이 아닙니다. 당신도 아시겠지만, 그게… 설립자는… 그러니까… 신문의 내용이 모두 옳은 것은 아닙니다. 그게…."

"좋아요, 당신이 맞아요. 어떤 질문들은 정말로 대답하기가 곤란하죠."

조가 고개를 끄덕였고 빅 알은 계속해서 얘기를 이어 갔습니다.

"당신도 알다시피 그 사람이 읽었다는 신문기사 가운데

상당 부분은 사실이 아니지요. 하지만 우리가 미팅 자리에서 진실을 옹호하려고 하면 할수록 우리는 그 질문자가 이야기했던 부정확한 사실에 대해 더욱더 신빙성을 줄 수밖에 없게 됩니다. 이 점을 좀더 분명히 밝히기 위해 다른 질문을 던져보겠습니다.

두 번째 질문 : "조! 제 이웃 사람이 당신네 회사에서 판매한 주스를 마셨습니다. 그런데 그 주스를 마시고 한 시간쯤 있다가 갑자기 배가 아프기 시작하더니 나중에는 복통을 일으켜 구급차로 병원에 실려 갔습니다.

검사 결과 근본적인 원인은 그 주스에 있었던 것으로 밝혀졌습니다. 그녀는 결국 비장과 신장을 모두 들어내고 왼쪽 다리를 절단하는 수술을 받아야 했습니다.

의사 말로는 백 명 가운데 한 명 정도가 그 주스를 마시고 복통을 일으킨다고 합니다. 저도 그 주스를 먹고 있고 정말로 그 주스를 좋아합니다. 물론 그걸 먹고 이상 반응을 일으킨 적도 없었고요. 그런데 우리가 고객들에게 이런 반응이 있을 수도 있다는 것을 말해야만 할까요, 아니면 그렇게 흔한 일은 아니기 때문에 그걸 숨겨야 할까요?"

조는 잠시 얼굴을 붉혔다가 차분하게 고개를 끄덕이며 말했습니다.

"좋아요, 빅 알. 당신이 말씀하신 것처럼 제가 무슨 말을 하느냐에 상관없이 저는 점점 더 깊은 함정에 빠져들고 말겠군요. 확실히 어떤 사람들은 미팅을 망치기 위해서 어떤 질문을 던져야 하는지를 알고 있어요. 만약 제가 사업설명을 진행하던 중에 그런 질문들이 나왔다면 매우 곤란했을 것입니다. 당신이 왜 미소를 짓고 있었는지 이제야 알겠어요. 그 한 가지 이유가 다른 여덟 가지 이유들을 합친 것보다 훨씬 더 큰 이유가 된다는 거죠? 이제 분명해졌어요. 앞으로는 사업설명 중에 질문을 받는 일을 없애겠습니다."

빅 알이 덧붙였습니다.

"예상되는 질문들에 대하여 답을 준비해야 하는 부담이 없을지라도 미팅을 연다는 것은 충분히 힘든 일이에요. 정말로 슬플 때가 어떤 경우인지 아세요? 초보 사업자가 미팅을 진행할 경우에는 대부분 신경이 곤두서기 마련이죠. 그런데 사업설명 도중 갑자기 다음에 무슨 말을 해야 할지 전혀 생각나지 않거나 할말이 다 떨어지고 마는 경우가 있습니다. 신경이 곤두선 상태에서 이런 상황에 처하면 도대체 무슨 말을 하겠어요?"

"오, 저런."

조가 신음하듯 말했습니다.

"신경이 곤두선 상태에서 할 말이 없으면 대개 '혹시 질문 있나요?' 하고 묻게 되죠. 그 사람은 청중들에게 질문을 하도록 함으로써 생각을 가다듬을 수 있는 시간을 벌려는 거죠."

"기름을 뒤집어쓰고 불 속으로 뛰어드는 격이군요! 이런 대화를 나눌 수 있어서 정말 기쁩니다."

조가 말했습니다.

"다음번에 누군가가 질문이 있다고 손을 들면, 제가 그 질문을 받지 않을 것이라고 장담할 수 있습니다."

광고만 내면 만사가 해결된다고요?

어느 날, 당신은 이제 누구를 네트워크 마케팅 사업에 참여시킬 것인가를 고민하며 앉아 있습니다. 당신은 이미 아는 사람들을 모두 한번씩 만나본 상태입니다. 이제 당신은 새로운 사람들을 찾아야만 합니다.

바로 그때, 세상에서 가장 위대한 아이디어가 떠오릅니다.

'만약 사람들이 나를 만나러 오도록 한다면 어떨까? 나는 그저 의자에 등을 기대고 앉아 찾아오는 사람들 중에서 고르기만 하면 되겠지? 그래, 광고를 내는 거야!'

금요일, 당신은 직장 상사에게 다음 한 주는 회사에 나오지 않을 것이라고 말합니다.(겉으로는 휴가를 내겠다고 말했지만, 속으로는 다음 주면 경제적인 자유를 획득해서 다시 회사로 돌아오는 일은 없을 것이라고 생각하는 거죠. 당신은 일요일 신문에 게재할 광고의 힘을 확신하고 있습니다.)

월요일 아침, 구인광고를 보고 걸려온 전화가 끊임없이 이어집니다. 사업기회를 찾아 몰려드는 사람들과 대화를 나눈다는 것은 대단히 신나는 일입니다. 하지만 그 날 하루가 저물어갈 무렵, 그 흥분은 사그라지고 맙니다. 당신은 단 한 사람의 지원자도 확보하지 못한 것입니다. 다들 이야기만 들을 뿐 아무도 선뜻 나서려고 하지 않습니다. 무엇이 잘못된 것일까?

그 날 걸려온 전화에 대해 신중하게 검토해본 뒤에야, 이 불행의 원인들이 분명하게 드러나기 시작합니다. 그 문제점들은 다음과 같이 요약될 수 있습니다.

① 준비되지 않은 사람들이 너무 많았다.

그들이 돈을 벌 수 있는 기회를 찾고 있었던 것은 확실하지만, 그들은 확실하게 수입이 보장되는 일을 바라고 있었다. 그들이 보인 반응은 한결 같았던 것이다.

"이런, 그렇다면 내가 몇 주일 동안 뼈 빠지게 일해도 한 푼도 벌지 못할 수도 있다는 거로군!"

② 노력 없이 뭔가를 얻으려는 사람들은 자신에게 돌아올 각종 혜택에만 관심을 둔다.

가령 이들은 "휴가는 며칠이나 되죠?"라고 묻기도 한다.(이 말을 들으면 이들은 정말로 열심히 일하는 사람들처럼 보인다.) 무료 건강검진 프로그램이나 재해보상 같은 것이 없으면 이들은 쳐다보려 하지도 않는다.

③ "당신 사무실이 어디입니까? 설마 커피숍 같은 곳에서 만나 상담하자는 것은 아니겠죠. 저는 뭔가 좀 근사한 직장을 찾는 중이거든요."

④ "이 사업을 시작하려면 먼저 초기비용을 지출해야 한다고요? 저는 돈을 벌고 싶지 쓰고 싶지는 않아요. 그리고 저도 제품을 사야 한다고요? 진담입니까?"

⑤ "일단 전화상으로 당신의 일에 대해 얘기해 보세요. 저는 지금 20군데에서 나온 구인광고를 보고 있어요. 그 가운데에서 어디를 가봐야 할지 고르는 중입니다."(이 사람은 자신의 목록에서 당신의 이름을 지워버릴 이유를 찾고 있는 중이다.)

⑥ "미안하지만 저는 당신에게 제 이름과 전화번호를 알려줄 수가 없어요. 저는 판매원들이 귀찮게 전화하는 것을 싫어해요. 저한테 절대로 전화 걸지 마세요. 전화는 제가 걸겠어요."

틀림없이 구인광고는 준비되지 않은 사람들의 주의를 끄는데 그칠 것입니다. 그렇다면 시간제 부업 구인광고는 어떠할까요? 그것 역시 똑같은 일이 일어날 것입니다. 다른 사람들이 발로 뛰면서 보다 생산적인 활동을 하는 동안, 어쩌면 쉬지 않고 울려대는 전화기만 달래야 할지도 모릅니다.

시간제 부업 구인광고를 냄으로써 기대할 수 있는 한 가지 긍정적인 면은, 직장인들을 만날 수 있다는 점입니다. 그들은 생계비를 벌려는 것이 아니라 추가 소득을 벌 수 있는 방법을 찾고 있는 것입니다. 이들은 최소한 기본적인 수입원을 갖고 있기 때문에 자신들의 새로운 사업에서 소득을 올릴 수 있게 될 때까지 기다릴 수가 있습니다.

하지만 가장 큰 문제는 당신이 사는 지역에서 시간제 부업 광고를 주의 깊게 읽을 직장인들이 과연 몇 사람이나 되겠느냐 하는 것입니다.

그렇다면 비즈니스 광고는 어떠할까요?

물론 구인광고에 비해 훨씬 더 적은 사람들이 전화를 걸어오겠지만, 일단 전화를 건 사람들의 조건은 구인광고를 보고 전화한 사람들보다는 좋을 것입니다. 이 사람들은 최소한 가망 없는 샐러리맨으로 남아 있고 싶어 하지 않는 사람들입니다.

그러나 그들이 찾고 있는 것은 대부분 안정적인 사업체나 유형의 가게입니다. 그렇기 때문에 그들의 첫 질문은 대부분 이렇습니다.

"그 지역에 확실한 고객이 얼마나 되죠?"

"현재 총 매출액과 순이익은 어떻게 됩니까?"

직접 사업을 전개하여 기회를 잡으려는 사람들은 대부분

성공을 돈으로 사려고 할 뿐, 네트워크 마케팅 사업을 시작하여 바닥에서부터 사업을 일궈나가려 하지 않습니다.

그러면 모든 광고가 그처럼 나쁘기만 한 것일까요?

그렇지는 않습니다. 사람을 모으는 모든 방법들은 저마다 나름대로의 장점들을 가지고 있습니다. 그러면 신문광고에서 일어날 수 있는 문제점을 극복하는 요령에 대해 한 가지만 알아보기로 합시다.

한 가지 가능한 해결책

일일이 전화를 받느라 매여 있고 싶지 않다.

광고를 보고 반응을 보이는 사람들의 수를 늘리고 싶다.

어떤 방해나 질문도 받지 않고 메시지를 전달하고 싶다.

준비된 대상자들에게만 시간을 투자할 수 있었으면 좋겠다.

만약 당신이 '녹음된 메시지를 들어보세요!' 라는 문구의 광고를 낸다면, 당신은 이러한 목표들을 모두 달성할 수 있을 것입니다.

예를 들어 다음과 같은 광고가 일요일 신문에 게재되었을 때, 사람들이 이것을 읽고 어떻게 반응하는가를 살펴봅시다.

> 네트워크 마케팅에 대해서 들어보세요
> 당신의 직업에 대해 진지하게 고민하고 있다면,
> 이 메시지를 들어보세요
> 999-9999

피트는 이 광고를 읽고 생각합니다.

'이건 단지 녹음된 메시지일 뿐이잖아. 내가 관심이 있을 때 언제든 전화해 볼 수 있겠군. 광고를 보고 전화하는 것이 늘 꺼림칙했는데 별로 위험해 보일 것 같지 않군. 사실, 광고를 보고 전화를 걸면 대부분 잔뜩 흥분한 세일즈맨이 어떻게든 직접 면담을 하려고 별별 압력을 다 넣거든. 구체적인 사항들은 하나도 얘기해주려 하지 않고 직접 만나서 이야기하겠다고 하지. 그런데 이건 꽤 괜찮아 보이는걸. 전화를 걸어 내용을 들어본 다음 신통치 않으면 그냥 끊어버리면 그만이지. 나도 그렇고 그 사람도 서로 시간 낭비할 필요 없이 말이야. 무슨 얘기를 하고 있는지 궁금한 걸. 지금 당장 전화해 볼까?'

이때, 피터가 전화를 건다면 그는 2~3분 정도의 녹음된 내용을 듣게 됩니다. 그 메시지는 그가 궁금하게 여길 몇 가지 사항과 자신의 현재 위치가 그 일을 하기에 적합한지를 판단하게 해줄 것입니다.

예를 들면 그 메시지는 이런 내용을 전하게 됩니다.

"전화해 주서서 감사합니다. 앞으로 약 2분 30초 동안 저는 당신의 수입을 늘릴 수 있는 기회에 대해 설명하겠습니다. 만약 당신이 네트워크 마케팅을 해본 경험이 있다면 성공적으로 대규모의 사업자 그룹을 만들어 큰돈을 번다는 것이 얼마나 어려운 일인가를 잘 알고 있으리라 생각합니다.

  물론 당신은 좋은 회사와 좋은 제품을 선택함으로써 많은 이익금을 얻을 수도 있을 것입니다. 하지만 대규모의 사업자 그룹을 확보하지 못한다면 당신이 바라는 성공을 이루지 못할 것입니다. 저를 믿으십시오. 저는 그 일이 얼마나 힘든 일인지를 잘 알고 있습니다. 저도 누군가가 저에게 네트워크 마케팅 사업에서 성공하는 비결을 알려주기 전까지 3년 동안 힘들게 일했습니다. 그 비밀을 알고 싶습니까? 그것은 네트워크 사업자를 정상으로 이끄는 저만의 강력한 프로그램입니다. 이 교육 프로그램을 통해 사업자들은 항상 생산적이고 진취적인 자세를 갖게 되고 큰돈을 벌 수 있습니다. 제가 어떻게 이 교육방법에 대해 알게 되었느냐고요? 여섯 달 전, 저는 매우 열심히 네트워크 마케팅 사업을 해나갔지만 전혀 돈을 벌수가 없었습니다. 그러다가 우연히 이 광고와 비슷한 광고를 보고 전화를 걸었고, 그리하여 아크다 사의 한 미팅에 참석하게 되었습니다. 그리고 그 미팅을 통해 아크다 사가 좋은 회사라는 것을 알았습니다.(하지만 제가 그 당시 몸담고 있던 회사도 좋은 회사였죠.) 아크다 사는 대규모의 생산라인을 갖추고 있었습니다.(물론 제가 당시에 몸담고 있던 회사도 그에 못지않았습니다.) 또한 아크다 사의 보너스 제도는 상당히 훌륭했습니다.(제가 있던 회사에도 이 제도는 있었습니다.)

차이점이요? 아크다 사의 사업자들은 엄청난 돈을 벌어들이고 있었습니다. 제가 그 이유를 물었을 때, 저는 네트워크 마케팅 판매에서 성공하는 독특한 비결을 얻을 수 있었습니다. 그것은 바로 아크다 사의 사업자 양성 프로그램이었습니다. 아크다 사의 사업자들은 한결같이 이 독특한 프로그램이 자신들을 성공으로 이끌어주었다고 칭찬해 마지않습니다. 그리고 그들 중 상당수는 그 이전에도 네트워크 마케팅을 했지만, 저처럼 성공과 거리가 먼 사람들이었습니다.

제가 어떻게 했느냐고요?

물론 저는 제가 있던 회사가 싫지는 않았습니다. 하지만 제가 네트워크 마케팅 사업에 뛰어든 이유는 돈을 벌기 위해서입니다. 어쨌든 손해 볼 것은 없었으니까요.

그리하여 저는 아크다 사의 사업자 양성 프로그램에 등록했습니다. 그 프로그램은 저의 수입뿐만 아니라 제가 확보한 새로운 사업자들조차도 진취적이고 활동적으로 바꾸어 놓았습니다.

지난 6개월은 제 생애에 있어서 가장 성공적인 기간이었죠. 그리고 당신에게도 앞으로의 6개월이 제가 경험했던 것과 똑같이 가슴 두근거리는 시간이 될 수 있습니다!

만약 당신이 네트워크 마케팅 사업에서 성공하고 싶다면

저는 당신에게 이 놀라운 기회를 놓치지 말라고 권하고 싶습니다.

제가 당신에게 아크다 사의 사업자 양성 프로그램에 관한 상세한 정보가 담긴 무료 카세트테이프와 책자를 보낼 수 있게 해주신다면 더없이 기쁘겠습니다. 당신은 그것을 집에서 아무런 부담 없이 받아볼 수 있습니다. 그것을 받아보고 싶다면 이 메시지가 끝나고 나서 당신의 이름과 주소를 남겨주십시오. 만약 개인적인 상담을 원하거나 추가로 묻고 싶은 점이 있다면 전화번호를 남겨주십시오. 그러면 제가 즉시 전화 드리겠습니다.

다시 한 번 전화해 주셔서 감사합니다. 이 귀중한 정보를 받아본다면 틀림없이 만족할 것이라고 확신합니다.

삐 소리가 나면 당신의 이름과 주소 혹은 전화번호를 남겨주시기 바랍니다.”

당신 같으면 추가 정보를 얻기 위해 이름과 주소를 남길 것 같습니까? 아마도 그럴 것입니다.

이것은 현재 네트워크 마케팅 사업을 하고 있는 사업자를 기준으로 만든 하나의 시나리오일 뿐입니다.

광고의 내용은 당신이 몸담고 있는 회사에 따라 완전히 달라질 수 있습니다. 이처럼 녹음된 메시지를 통해서 신규 회원을 확보하는 데에는 몇 가지 장점이 있습니다.

① 당신의 광고는 하루 24시간 동안 가동된다.

사람들은 밤이든 낮이든 언제라도 전화할 수 있다. 만약 사람들이 광고를 보고 연락을 취하기 위해 다음 날까지 기다려야 한다면 상당수의 사람들이 광고를 까맣게 잊어버리고 말 것이다.

② 당신은 전화기 옆에 붙들려 있을 필요가 없다.

혹시 전화를 놓치게 될까봐 사업에서 손을 놓고 있는 것만큼 어리석은 일은 없다.

③ 사람들이 별다른 부담 없이 전화를 걸 수 있을 때 당신은 보다 많은 응답을 받게 된다.

전화를 걸어 녹음된 메시지를 듣는 것만큼 안전한 일이 어디 있겠는가? 이 방법을 통해 당신은 소극적인 사람들도 얼마든지 공략할 수 있다. 그리고 이들도 얼마든지 훌륭한 사업자가 될 수 있다.

④ 사람들은 자신이 녹음된 음성을 듣게 되리라는 것을 알고 있다.

왜냐하면 당신이 신문 광고에서 사전에 그렇게 이야기했기 때문이다. 그러므로 자동응답기를 싫어하는 사람들의 항의를 받는 일도 없다.

⑤ 이것은 대상자를 미리 선별함으로써 시간을 절약할

수 있는 최상의 방법이다.

자신의 현재 사업이 더 낫다고 생각하는 사람은 전화를 끊을 것이다. 그리고 단순한 호기심으로 전화를 건 사람도 메시지가 끝나면 전화를 끊을 것이다. 물론 네트워크 마케팅에 대해 반감을 갖고 있는 사람도 수화기를 내려놓을 것이다. 오직 진정한 대상자들만 자신들의 이름을 남겨놓는 것이다.

⑥ 이 방법을 통해 당신은 중단이나 방해 없이 당신의 메시지를 전달할 수 있다.

당신은 불필요한 질문들에 일일이 대답해야 하는 문제에서 벗어날 수 있는 것이다.

⑦ 이것은 사람들에게 별다른 부담 없이 사업을 소개할 수 있는 전문적인 방법이다.

⑧ 상대방이 아니라 당신이 주도권을 쥐게 된다.

당신은 처음부터 끝까지 당신의 입장에 서서 말을 전달할 수 있다.(세상에 누가 녹음된 음성에다가 시비를 걸거나 논쟁을 하려 들겠는가.)

여기까지는 모든 것이 좋았습니다. 그런데 그 비용은?

이 광고는 짧고 비용도 저렴합니다. 당신은 값비싼 광고지면을 이용하는 것이 아니라 자동응답기를 통해서 광고를 하는 것입니다. 2~3분 정도의 메시지를 내보낼 수 있는 좋은 자동응답기는 100달러 이하로 살 수 있습니다. 게다가 그 기계는 더 이상 광고를 낼 필요가 없을 때에도 얼마든지 개인적인 용도로 사용할 수 있습니다.

물론 책자와 카세트를 구입하는 데에도 큰 비용이 들지 않습니다.(카세트테이프는 개당 60센트 이하로 얼마든지 구할 수 있습니다.) 그리고 한 사람에게 우편으로 그것을 보내는 데 드는 총 비용은 1.5달러에서 2.0달러면 충분합니다.

훌륭한 사업자를 얻는데 드는 비용으로 이 정도의 지출은 아무 것도 아닙니다. 예비사업자를 일일이 찾아다닐 경우 들게 될 휘발유 값을 생각해 보십시오. 게다가 커피숍에서 만나느라 커피 값을 계산할 필요도 없습니다.

끝으로 많은 사람들이 즉석에서 정보를 얻기 위해 자신들의 전화번호를 남길 것입니다. 그들에게는 우편물을 발송할 필요도 없습니다. 당신은 그저 그 사람들의 질문에 전화상으로 대답하고 사업미팅에 직접 초대하면 됩니다.

이제부터는 아주 쉽습니다.

당신은 추상적이고 복잡한 문제를 전화상으로 설명하려고 애쓸 필요도 없습니다. 그는 이미 당신이 보낸 책자와 카세트테이프를 받아 보았으므로 당신은 구체적인 사실들에 대해 현명하게 이야기해주기만 하면 됩니다.

만약 그 사람이 관심을 보이면 사업 미팅에 참석하도록 초대하는 것이 좋습니다. 아니면 그가 편한 시간에 2대1 미팅 약속을 하는 것도 괜찮습니다.

일단 우편물을 보낸 이후에는 보다 적극성을 발휘할 필요가 있습니다. 대부분의 예비사업자들은 당신에게 먼저 전화할 정도로 적극적이지는 않습니다. 그러므로 당신이 먼저 그들에게 전화를 해야 할 것입니다. 만약 상대방이 이름과 주소만 남겨놓은 경우라면 어떻게 연락을 해야 할까요?

이럴 경우에는 전화번호부를 뒤지거나 아니면 그 지역의 전화국에 도움을 요청하면 간단하게 해결할 수 있습니다. 그래도 전화번호를 찾을 수 없다면 간단한 엽서를 보내 혹시 더 필요한 정보가 있으면 전화를 해 달라고 말할 수 있습니다.

그러나 이것이 광고를 통해서 효과를 볼 수 있는 유일한 방법은 아닙니다. 그렇지만 여기서 말한 원칙들은 당신이 신문에 광고를 내려 할 때, 많은 도움을 줄 수 있을 것입니다.

친애하는 개비

저는 10살 때부터 여자들을 두려워하기 시작한 올해 30
살 된 남자입니다. 학창시절에는 여학생들과 어울리거나
여선생님의 수업을 듣는 것이 정말 싫었죠. 그리고 집에
돌아오는 길에도 내내 두려움에 떨어야 했습니다. 제 어
머니 역시 여자였으니까요. 이 글을 쓰는 지금도 사방에
온통 여성들이 돌아다니는군요.

저는 정말로 결혼하기를 원합니다. 하지만 저는 여자들
에 대한 두려움 때문에 감히 다가가서 데이트를 신청할
수가 없습니다. 당신이 보기에 이것은 그다지 커다란 문
제가 아닌 것처럼 생각될 수도 있겠지만, 저는 정말로 당
신의 도움과 충고가 필요합니다. 제발 답장을 해주세요.

겁먹고 움츠러든 한 남성으로부터

겁먹고 움츠러든 남성에게

당신은 저에게 편지를 보낸 사람들 가운데 가장 역겨운 겁쟁이로군요. 저는 지금까지 살아오는 동안 이렇게 웃기고 좀스럽고 유치한 편지를 받아본 적이 없습니다. 왜 당신은 다른 대부분의 사람들처럼 행동하지 못하죠? 자신감을 가져요. 그리고 그렇게 하잘 것 없고 어린애 같은 문제를 안고 살지 마세요. 우리처럼 적극적인 사람들은 큰 뜻을 품고 있으며 당신 같은 사람들을 가장 열등한 인간으로 여기고 있어요. 앞으로 다른 사람에게 편지를 보낼 때는 차라리 크레파스로 써서 보내지 그래요? 우리처럼 정상적인 사람들은 당신 같은 사람을 상대할 시간이 없답니다.

역겨워하는 개비로부터

만약 개비가 이러한 답장을 보낸다면 앞으로 개비가 편지를 몇 통이나 받을 수 있을 것이라고 생각하십니까? 아마도 몇 통 되지 않거나 아예 받지 못할 것입니다.

사람들은 일단 어떤 일에 대해 모욕감을 느끼게 되면 그와 똑같은 결과를 낳을 수 있는 상황은 가급적 피하려 합니다. 그렇다면 개비에게 직접적으로 모욕을 당하지는 않았지만, 이러한 상황을 목격한 사람들은 어떠할까요? 그들 역시 개비와 접촉하는 것을 꺼릴 것입니다. 그 누구도 다음번의 희생자가 되기를 원하지 않을 것입니다.

그렇다면 이것은 네트워크 마케팅 사업의 리더들에게 어떻게 적용될 수 있을까요?

당신은 사업자나 예비사업자로부터 말문이 완전히 막히게 하는 어리석은 질문을 받아본 적이 있습니까? 그 때 당신은 어떻게 반응했습니까? 대답할 가치도 없다는 식으로 무시했습니까? 아니면 겸손한 척 하면서 짧게 대답했습니까? 그를 두고 어리석다고 놀려대지는 않았습니까? 혹은 다른 사람들에게 강하다는 인상을 심어주기 위해 그 질문뿐만 아니라 질문한 사람까지 아예 짓뭉개버리지는 않았습니까?

이러한 반응들은 예비사업자뿐만 아니라 기존사업자들까지도 등을 돌리게 만듭니다.

대부분의 리더들은 부정적인 암시나 질문을 받으면, 그것을 뒤집기 위해 매우 적극적이고 다소 과장된 태도를 취하곤 합니다. 물론 적극적인 것은 좋지만 그렇다고 지나치게 흥분하는 것은 위험합니다.

어리석은 질문에 대한 리더들의 반응이 예비사업자들의 가입 결정에 어떤 영향을 미치는지 다음과 같은 상황을 통해 살펴보기로 합시다.

당신은 지금 초보사업자와 2대1 사업설명을 하고 있는 중입니다. 그 때, 사업설명을 절반 정도 했을 무렵 당신의 예비사업자가 묻습니다.

　"이거 피라미드 조직 아니에요? 이 돈들이 모두 어디로 흘러가는 거죠? 맨 꼭대기에 있는 사람에게로 가겠죠? 다시 말해 이것은 사기잖아요!"

　당신이 대답하기를

　"우리들이 받는 보너스가 제품의 중간 유통비와 광고비에 발생하는 마진을 줄이고 그 이익금을 캐시백한 돈이라는 것은 바보도 알 수 있어요. 피라미드 방식이 불법이라는 것은 누구나 아는 얘기죠. 하지만 이 사업은 피라미드가 아니라고요. 당신이 그런 답답한 질문을 할 줄은 몰랐는데요. 당신은 이 사업에 대해 전혀 이해하지 못하고 있군요. 그러니 제발 내가 남은 설명을 마칠 때까지 잘 좀 들어봐요!"

　이제 예비사업자의 마음속에 어떤 일이 벌어지고 있을 거라고 생각하십니까? 아마도 그는 이렇게 생각할 것입니다.

　'한번만 더 질문을 했다가는 이 사람이 내 이마에다가 자기 이름을 새기려 들겠는걸. 이 사람과 함께 일하면 전망이 없겠어. 잠자코 이 사람의 설명을 들어야지. 그래야 얼른 끝마치고 갈 수 있을 테니까.'

　그리고 초보 사업자의 마음속에서는 어떤 일이 벌어지고

있을까요? 그는 이렇게 생각할 것입니다.

'이 사람이 나를 도와주겠다고 해놓고는 오히려 나의 예비사업자를 쫓아내고 있잖아! 스폰서가 간 다음에 예비사업자에게 사과를 해야겠다. 이제 앞으로는 두 번 다시 스폰서에게 질문도 하지 않고 그의 도움을 기대하지도 않겠어. 나한테도 틀림없이 저렇게 행동할 테니까. 이 사업설명이 끝나면 다른 약속들은 취소해야지. 스폰서가 그 사람들까지 쫓아버리는 것을 보고만 있을 수는 없어.'

그렇게 대답하는 것이 어리석은 질문에 대한 올바른 대응 방식이 아니라면, 이러한 질문들은 어떻게 다루어야 할까요? 먼저 우리는 왜 사람들이 그렇게 어리석은 질문을 던지는지를 이해해야만 합니다.

예비사업자들은 우리의 사업 그 자체보다 우리를 더 자세하게 관찰하고 판단합니다. 다시 말해 그들이 질문을 할 때에는 그만한 이유가 있는 것입니다.

① **우리가 지나치게 빨리 나가고 있거나 너무 많은 것을 속단하고 있습니다.**

우리가 네트워크 마케팅에 대해 모든 것을 알고 있다고 하여 우리의 예비사업자들이 똑같은 통찰력을 갖고 있을 것이라고 생각해서는 안 됩니다. 우리에게 질문을 던지는 예비사업자들은 실제로 이렇게 말하고 있는 것입니다.

"이건 정말 흥미롭군요. 이 부분에 대해 좀더 확실하고 많은 정보를 얻고 싶어요."

② 예비사업자들은 우리가 압력을 받을 때 어떻게 행동하는지를 보고 싶어 합니다.

그들은 침착하고 차분한 리더를 원하며 더불어 자신감 있는 사람과 함께 일하고 싶은 것입니다.

③ 예비사업자들은 오직 그들 자신의 문제에만 관심이 있습니다.

만약 당신이 그것을 무시하고 대수롭지 않게 여긴다면 그들은 당신이 자신들의 성공에 별로 관심이 없다고 생각할 것입니다.

만약 당신이 이 점을 염두에 둔다면 이익금과 피라미드 조직에 관련된 질문에 대해 이렇게 대답할 것입니다.

"정말 좋은 질문입니다. 저도 처음에 이 사업을 접했을 때 그 점이 몹시 궁금했죠. 그런데 제가 회사의 교육 프로그램에 참여하자 거기에서 우리의 보너스가 어떻게 재분배되는지를 자세하게 알려주더군요. 단순히 업 라인에 있는 사람들이 돈을 몽땅 가져가는 게 아니라, 똑같이 일을 하고 거기에 대해 이익금을 얻는 거예요. 그리고 우리가 열심히 일하면 일할수록 경영 조직상에서 더 높은 위치에 올라설 수 있게 되는 거죠. 정통 네트워크 마케팅 회사와 피라미드 회사는 그 구조상 같아 보이기 마련입니다. 하지만 시스템과 기업 윤리가 다릅니다. 물론 우리 회사는 정통 네트워크 마케팅 회사입니다. 결과적으로 일반기업과 달리 우리가 노력을 한다면 얼마든지 리더가 될 수 있습니다."

왜 우리의 예비사업자들이 질문을 하는지 이해한다면 이처럼 다소 다른 대답을 할 수도 있습니다. 그리고 어리석은 질문을 대하는 우리의 태도에 따라 사업의 결과는 크게 달라질 수 있습니다.

이제부터 우리의 예비사업자와 초기 사업자들이 이렇게 말하도록 만들어야 합니다.

"나의 스폰서는 나와 내 질문에 대해 관심을 갖고 있어. 나도 저 사람처럼 일하고 싶어."

네트워크 마케팅 사업의 리더로
적합한 사람

네트워크 마케팅 사업에 있어서 리더가 되기에 가장 적합한 사람은 누구일까요? 어떤 점을 지니고 있어야 적합한 사람이라는 평가를 받을 수 있을까요?

물론 네트워크 마케팅 사업의 전문가로서 우리는 한 개인을 섣불리 판단해서는 안 됩니다. 하지만 우리는 네트워크 마케팅 사업에서 훌륭한 리더로 성공할 수 있는 특징들을 따로 분류해 봄으로써 보다 확실하게 판단할 수 있습니다.

이러한 특징들을 알아보기 위해 간단하게 예를 들어 보겠습니다.

우선 가장 전형적인 네트워크 마케팅 사업의 리더를 떠올려 보십시오. 그 사람은 어떤 직업을 갖고 있겠습니까? 기술자? 회계사? 세일즈맨? 사업가?… 그처럼 다양한 직업들 중에서 우선순위를 정하라고 한다면 당신은 어떻게 정하겠습니까?

1~2분 정도 생각해본 다음, 과연 어떤 직업이 최고의 네트

워크 마케팅 사업 리더들을 배출해 낼 수 있을 것인지 종이에 적어보기 바랍니다.

이제 성공적인 네트워크 마케팅 사업 리더의 첫 번째 의무를 살펴봅시다.

물론 가장 우선적인 것은 바로 교육과 트레이닝입니다. 만약 우리가 우리와 똑같은 사람들을 복제해 낼 수 있다면 우리는 가장 효율적인 네트워크 사업자임에 틀림없습니다. 그리고 이것이야말로 대규모 성공 조직을 만들어내는 핵심 사항입니다.

그러면 교육과 트레이닝에 있어서 가장 훌륭한 사람은 누구입니까?

선생님! 그렇습니다. 선생님들은 날마다 일상생활 속에서 사람들을 가르치는 기술을 연마하고 있습니다.

우리의 사업자들이 가장 강하게 원하는 것이 무엇인 지 아십니까? 그것은 바로 인내심과 가르치는 기술을 가지고 자신들에게 관심을 기울일 줄 아는 교관입니다. 학교 선생님만큼 이런 자격을 갖춘 사람이 또 있겠습니까?

그러면 선생님들 가운데 어떤 선생님이 가장 훌륭한 선생님일까요? 바로 악단을 지도하는 선생님이다. 이들은 인내심을 가지고 트레이닝 시키는 기술뿐만 아니라 세일즈 능력까지 갖추고 있습니다. 악단이라는 특성상 이들은 악기와

유니폼 그리고 공연, 여행 등에 필요한 경비를 마련하기 위해 기금을 조성해야 하기 때문입니다.

따라서 이들은 가르치는 기술은 물론 세일즈 능력까지 겸비하고 있을 확률이 높습니다. 이것은 진정한 네트워크 마케팅 사업의 리더로서 손색없는 자격이라 할 수 있습니다.

교사 다음에는 어떤 직업이 좋을까요? 가정주부는 어떠할까요? 이들 역시 인내심(남편과 함께 살아가다 보면 자연스럽게 얻게 되죠!)과 가르치는 기술을 터득하고 있습니다. 이들은 아이들을 양육하는 과정에서 뿐만 아니라 종종 남편들을 재교육시키는 과정에서도 가르치는 경험을 쌓아 나갑니다.

그런데 가정주부가 이러한 일의 대가로 받는 수입은 그야말로 형편없는 수준입니다. 그렇기 때문에 많은 가정주부들이 자신이 원하는 곳에 마음대로 쓸 수 있는 추가수입을 원하고 있습니다. 더불어 이들은 항상 자신의 진정한 가치를 발휘할 수 있는 기회를 원하고 있습니다.

어쩌면 그렇기 때문에 이 사업을 시작한 주부들이 시작한 지 채 몇 달이 되기도 전에 남편의 수입을 훌쩍 넘어서는 경우가 있는 것인지도 모릅니다.

주부들은 자신의 네트워크를 관리하는데 있어서도 탁월

한 능력을 지니고 있습니다. 이들은 가계부를 적어가며 집안 살림을 꾸려나가는 동안 돈의 흐름을 관리하고 경영하는 능력을 쌓게 되는 것입니다. 특히 이들은 적은 돈을 가지고 살림을 꾸려나가는 데는 가히 프로라 할 만 합니다.

더불어 다년간 집안 식구들의 음식과 옷을 공급한 경험을 통해 이들은 재고관리 능력까지 갖추고 있으며, 날마다 수많은 집안일들을 해나가는 과정 속에서 시간관리 능력을 갖추게 됩니다. 그리고 가정의 행복을 유지하기 위해 전반적인 경영능력과 용기를 북돋워주는 기술을 익히고 있습니다.

그러면 세일즈맨은 어떠할까요? 세일즈맨은 몇 위쯤 될까요? 평범한 세일즈맨의 전형적인 모습을 떠올려 보십시오.

아마 당신의 머리 속에는 별로 필요하지도 않은 물건을 사도록 압력을 넣는 외판원의 이미지가 떠오를 것입니다. 이들은 물건을 팔자마자 곧바로 옆집으로 달려갑니다. 전형적인 세일즈맨의 관심사는 오로지 '어떻게 하면 좀더 많은 사람을 만나 물건을 팔 수 있을까?' 입니다.

반면, 계속해서 관계를 유지하며 새로운 정보를 제공해주거나 서비스하는 것은 피하고 싶어 합니다. 혹시 이 이야기가 당신의 스폰서와 비슷하다는 생각이 드십니까?

전형적인 세일즈맨들은 효과적이고 성공적인 네트워크 마케팅 사업의 리더로서 필요한 자질과 정반대되는 자질을 가지고 있을 확률이 높습니다.

사실, 리더들은 초보 사업자들이 항상 다음 단계로 나아갈 수 있도록 이끌어주어야 하며 인내심을 가지고 교육시켜야 합니다. 그들은 자신을 참여시키기만 하고 다른 일에 정신을 팔고 있는 리더를 원하지 않는 것입니다.

만약 사람들이 당신에게 성공적인 네트워크 마케팅 사업자가 되려면 세일즈 경험을 갖고 있어야 하느냐고 물으면 이렇게 대답하십시오.

"불리한 조건 속에서 시작하고 싶으면 그렇게 하십시오."

가장 성공 가능성이 높은 리더는 인내심을 갖고 자신의 그룹을 트레이닝 시킬 줄 아는 사람입니다. 물론 교사라고 해서 모두 적합한 능력을 갖추고 있고 세일즈맨이라고 해서 모두 다 부적합한 것은 아닙니다. 중요한 것은 어떤 직업을 갖고 있느냐 하는 것이 아니라, 성공적인 네트워크 마케팅 리더가 되기 위해 어떤 자질을 갖추고 있느냐 하는 점입니다.

부스, 시사회, 박람회

만약 우리가 새로운 사업자를 발굴하기 위해 전시회나 시사회 같은 곳에다 부스를 연다면 괜찮지 않을까요? 그러면 사람들은 지나가다가 잠깐 들러 우리 사업의 전망을 살펴볼 것입니다. 또한 그들은 거기에서 많은 제품을 직접 주문하거나 소개해줄 것입니다. 따라서 우리는 더 이상 직접 뛰어다니며 여기저기 쫓아다닐 필요가 없습니다. 사람들이 스스로 우리를 찾아오기 때문입니다.

하지만 여기까지는 꿈이었습니다.

이제 현실로 돌아가 시사회의 부스가 어떤 것인지 살펴봅시다!

네트워크 사업자 조는 어느 큰 도시에서 네트워크 마케팅 사업에 대한 시사회가 열린다는 소식을 들었습니다. 아마도 그곳에는 사업기회를 잡으려는 수 천 명의 사람들이 몰려들 것입니다.

조는 이렇게 중얼거렸습니다.

"이제 내가 할 일은 그 시사회의 부스 하나를 빌리는 거야. 그러면 더 이상 사람들을 모으느라 고생할 필요가 없겠지."

조는 곧바로 부스를 임대하는 대가로 400달러를 송금합니다. 그리고 전문가라는 인상을 주기 위해 몇 가지 광고물을 제작하기로 결정하였습니다. 그리하여 대략 4,000명 정도가 올 것이라 예상하고 조는 소형 카탈로그, 지원서, 주문서, 판매설명서 등을 주문하였고 총 600달러가 들었습니다.

그런 다음 비행기 표와 호텔 숙박료, 음식값 등을 포함하여 다시 800달러가 경비로 추가되었습니다. 그리고 이미 지출액이 상당한 액수에 이르렀기 때문에 시사회장에 따로 사람을 두지 않고 혼자 일하기로 결정하였습니다. 자신을 도와줄 사업자를 한 사람만 데려가도 추가로 드는 비용이 만만치 않을 것이기 때문입니다.

총 2,000달러의 비용을 들인 조는 자신의 이번 결정이 엄청난 성공을 가져다 줄 것임을 확신하고 있습니다. 참가 예상인원 4,000명 가운데 단 1%만 가입시킨다 해도 40명의 새로운 사업자가 자신의 그룹에 생기는 것입니다. 단 며칠 만에 40명의 새로운 사업자가 생긴다고 상상해 보십시오! 이건 정말 굉장한 일입니다.

드디어 기다리던 그 날이 되자, 조는 아침 일찍 나가서 자신의 부스를 열었습니다. 그리고 시사회가 시작되었을 때, 조는 자신의 부스를 지나가는 첫 번째 사람에게 안내 책자를 건네주기 위해 모든 준비를 마치고 있었습니다.

그런데 저만치서 한 사람이 걸어오더니 조의 부스에는 눈길 한번 주지 않고 그대로 지나쳐 버렸습니다. 그 뒤로 몇 명의 사람들이 조가 있는지 없는지도 모르고 그냥 지나쳐 버렸습니다. 뭔가 이상하다는 생각이 든 조는 자신의 부스를 자세하게 살펴봅니다.

'아하! 바로 그거야. 내 부스를 통로 쪽으로 약간만 옮기면 사람들은 피해가기 위해서라도 내 부스를 보게 될 거야. 그러면 당연히 눈에 띄겠지?'

과연 조의 시도는 누군가의 이목을 끄는데 성공했습니다. 하지만 불행하게도 그 사람은 시사회의 기획자였습니다. 그는 정중하게 부스를 원래 자리로 옮기도록 요청하였습니다.

마침내 한 사람이 조의 부스 앞에 멈춰 섰습니다.

"나중에 읽어볼 테니 안내책자를 좀 주시겠어요? 저는 시간이 없어요. 앞으로도 50군데의 부스를 더 돌아보아야 하거든요."

안내책자를 한 주먹 움켜쥔 그 사람은 다른 부스를 향해 사라졌습니다.

그리고 두 번째 사람이 말했습니다.

"당신도 46번 부스처럼 안내책자를 좀더 멋지게 만들었으면 좋았을 텐데. 견본품은 어디 있죠?"

그리고 조의 옆 부스에 있는 사람이 조에게 자기네 프로그램과 비교해보고 싶다며 안내책자를 하나 달라고 했습니다. 그러더니 그는 사람들에게 조의 프로그램과 비교해가며 자기네 상품을 선전하기 시작했습니다.

오늘은 별로 운이 따라주지 않는다고 생각하며 조는 점심을 먹기로 했습니다. 그는 얼른 가서 샌드위치 하나와 마실 것을 사 가지고 돌아왔습니다. 그런데 그 사이에 그의 안내책자가 절반이나 사라지고 없었습니다.

'최소한 누군가는 내 프로그램에 대한 정보를 얻었겠지. 일일이 나눠주는 수고를 덜었으니 더 잘된 일이지 뭐.'

조는 생각했습니다.

그 날 오후도 아침과 그다지 다를 게 없었습니다. 조는 몇몇 사람들에게 자신의 사업에 대해 설명하려고 애썼지만 사람들은 25분씩이나 앉아서 사업설명을 들을 정도로 시간이 많지 않았습니다. 또한 조의 사업설명은 안내책자만 받아가는 사람들 때문에 번번이 방해를 받았습니다.

어떤 사람은 조의 사업설명을 너무나 진지하고 흥미 있게 들어 주어 조는 이 사람이야말로 네트워크 마케팅 사업에 대해 진정으로 관심을 갖고 있는 훌륭한 예비사업자라는 생각을 하게끔 했습니다. 하지만 사업설명이 끝나갈 즈음 조는 그가 다른 11군데의 네트워크 마케팅 사업 프로그램에 등록되어 있는 사람이라는 것을 알게 되었습니다. 그 사람은 조의 그룹을 12번째 가입 대상으로 고려하고 있었던 것입니다.

"저 녀석은 내 프로그램에 자기 시간의 5%도 투자하지 않으려 할 거야. 게다가 나의 사업자들을 다른 11군데의 네트워크 마케팅 업체로 빼돌릴 수도 있겠지?"

조는 이렇게 중얼거렸습니다.

그 날 하루가 끝나갈 무렵, 조는 자신의 부스에 들른 사람들을 다음의 세 가지로 분류하였습니다.

① 안내책자를 모으는 사람들

이들은 별다른 볼 일 없이 단지 안내책자를 수집하려고 들른 것입니다. 그리고 이들은 그러한 책자를 통해 자신들의 프로그램에 적용할 좋은 아이디어를 찾고자 합니다. 이러한 사람들은 등에 메고 다니는 가방만 봐도 쉽게 구분할 수 있습니다. 심지어 어떤 사람들은 배낭을 메고 오거나 아예 차를 몰고 오기도 합니다. 그리고 반드시 샘플까지 얻어갑니다.

② 네트워크 마케팅 사업 중독자

이들은 늘 새로 가입할 최신 프로그램을 찾아다니지만, 절대로 제품을 구입하지는 않습니다. 최소한 조가 이러한 사람들을 받아들이지 않은 것은 매우 잘한 일입니다.

③ 자사를 선전하기 위해 나온 사람들

이들은 이미 네트워크 마케팅 사업의 사업자로 일하고 있으면서 부스마다 돌아다니며 자기네 회사의 프로그램에 참여하라고 광고하고 다닙니다. 돈을 투자하여 부스를 열어가면서 활동할 정도로 적극적인 사람을 자기네 회사로 영입시키면 대단한 이익이 된다는 것을 그들은 잘 알고 있는 것입니다.

따라서 그 시사회장에 50개의 부스가 있으면 이들은 아무 돈도 들이지 않고 50명의 유망한 대상자를 만날 수 있는 것입니다. 하지만 대부분의 경우 부스를 연 사람들은 2,000달러의 투자비용을 만회하기 위해 자신들의 프로그램을 홍보하는 데에만 관심을 쏟기 때문에 이런 사람들은 아무런 소득도 얻지 못합니다.

그 날 하루는 다른 부스 주인들과 함께 식사하는 것으로 마감해야 했습니다. 그리고 식사를 하면서 그들과 나눈 대화의 내용은 그다지 밝지 못했습니다.

"오늘 내 프로그램에 관심을 갖는 사람을 단 한 명도 만나지 못했어요."

"시사회에 참석하는 사람들이 노동윤리 같은 것을 갖고 있었으면 좋겠어요. 뭐든지 공짜로 얻으려고만 해요."

"저는 안내책자가 바닥이 났어요. 그런데 전화번호나 이름을 남기고 간 사람은 단 한 사람도 없어요."

"주최 측 말로는 오늘 시사회장을 찾은 사람들은 600명밖에 안 된다고 하더군요. 저는 최소한 하루에 2,000명은 찾아올 줄 알았는데. 당초에 주최 측에서 내건 4,000명은 어림도 없는 얘기죠."

"저는 잠깐 점심을 먹으러 간 사이에 제 서류가방과 코트 그리고 안내책자 진열대를 도둑맞았어요."

조는 점점 우울해지기 시작했습니다. 그는 최소한 4,000명 가운데 1%는 자신의 프로그램에 가입해 줄 것으로 기대하고 있었습니다. 한 사람을 확보하는데 50달러 정도의 비용이 든다면 그것은 결코 손해 보는 장사가 아니었기 때문입니다. 그런데 1,200명이 참석해서 그 중 1%가 가입한다고 해도 고작 12명밖에 되지 않습니다. 그러면 한 사람 앞에 드는 비용은 166달러가 됩니다. 맙소사!

조는 시사회에서 부스를 여는 것보다 차라리 가입하는 조건으로 한 사람 당 50달러씩 돈을 주는 것이 훨씬 더 나았을 것이라는 생각이 들었습니다. 하지만 이미 일은 벌어진 상태였기 때문에 좋은 경험을 한 셈이라고 스스로를 합리화하였습니다.

'어쩌면 전혀 새로운 사람들과 만나는 계기가 될지도 몰라. 하지만 사업자 한 사람을 모으는데 166달러의 돈이 든다면 차라리 그 돈을 다른 데 쓰는 편이 훨씬 나았을 거야. 심지어 나의 일을 부정적으로만 바라보는 내 처남도 166달러를 준다면 당장 가입할 걸!'

조는 생각했습니다.

그러나 그 166달러라는 비용도 조가 이 시사회를 통해 12명의 사업자를 확보한다는 전제 하에서 그렇다는 말입니다. 조는 아직까지 단 한 명의 사업자도 확보하지 못했고 이제 시사회는 하루밖에 남아 있지 않았습니다.

조는 희망을 품고 내일을 기다렸습니다.

다음날, 조에게 좋은 소식과 나쁜 소식이 동시에 날아들었습니다. 나쁜 소식은 그 시사회장을 찾아온 사람들이 고작 300명에 지나지 않는다는 것이었고 좋은 소식은 그로 인해 각 부스의 주인들이 함께 이야기를 나눌 수 있는 시간이 더 많아졌다는 점이었습니다.

조는 한 사람으로부터 사인을 받아냈기 때문에 그 날 하루는 완전히 실패한 날은 아니었습니다. 하지만 그 사람은 네트워크 마케팅 사업을 처음으로 접해본 것이었기 때문에 많은 교육과 도움을 필요로 할 터였습니다. 조는 그가 사업자로서 원만하게 출발하기 위해서는 최소한 몇 주일 동안 2대1 미팅을 가져야 할 것으로 생각했습니다. 그런데 문제는 그 사람이 조가 사는 곳으로부터 900마일이나 떨어진 곳에 있었다는 점입니다.

다음날, 조는 단 한 장의 가입신청서를 들고 집으로 돌아왔습니다. 그리고 그 가입신청서는 그가 앞으로 새로운 사업자를 돕기 위해 900마일을 수차례나 왕복해야 한다는 것을 의미하는 것이었습니다.

아마도 이 사람은 이제까지 조가 후원한 사업자 가운데 가장 돈이 많이 드는 사업자가 될 것입니다. 만약 조가 시사회가 열릴 때마다 2,000달러의 비용을 들여가며 참가한다면 그의 사업은 오래가지 못할 것입니다.

하지만 이 에피소드는 여기서 말하고자 하는 이야기의 하이라이트가 아닙니다.

"흠, 빅 알에게 전화를 걸어볼까? 아직 주머니에 동전은 남아 있으니까 말이야."

비밀 무기

"**우**리 도시에서 열리는 작은 시사회에 가 봅시다."

빅 알이 설명하기 시작했습니다.

"그러면 교통비와 숙박비 부담은 없어집니다. 우리가 네트워크 마케팅 사업을 하는 이유는 이익을 남기기 위해서라는 사실을 명심하십시오. 사실, 나는 사람들을 참여시키기 위해 시사회나 박람회를 이용하지는 않지만 이번에는 특별히 당신에게 최소의 비용으로 사람을 최대로 참여 시키는 법을 보여주기 위해 가는 것입니다.

사람들이 당신의 부스 안으로 더 많이 들어오게 하려면 다른 부스의 주인들보다 현명하게 처신할 필요가 있습니다. 광고판은 지난번에 사용했던 것을 그대로 써도 되고 안내책자는 100달러어치면 충분합니다. 문제는 얼마나 많이 나눠주느냐가 아니라 누구에게 나눠주느냐 하는 것이거든요. 이제 앞으로의 일에 대해서는 마음을 놓아도 좋습니다. 내가 두 가지의 비밀 무기를 가져갈 것이고 그러면 우리는 대단히 재미있고 유익한 시간을 보내게 될 것입니다."

조는 점점 흥분되기 시작했습니다. 빅 알이 직접 나서서 지난번 시사회에서 조가 입은 손해를 만회해 주려고 하는 것입니다. 이번 시사회는 규모가 작았기 때문에 1,000명 정도가 참석할 것으로 예상되지만 조는 빅 알이 자신을 실망시키기 않을 것이라는 사실을 잘 알고 있었습니다.

이번 시사회 준비에 들어간 총비용은 다음과 같습니다.

150달러	부스임대료
100달러	안내책자
50달러	식대
50달러	기타
350달러	총 지출액

광고판은 기존의 것을 사용하기로 했고 여행 경비 따위는 들지 않았으므로 이번 시사회는 도전해볼 만한 것이었습니다. 조와 빅 알은 오전 8시에 도착해서 부스 정리에 들어갔습니다. 그때, 조는 빅 알이 가져온 두 가지 비밀 무기를 보고 놀라지 않을 수 없었습니다.

① 빅 알의 컴퓨터와 프린터.
② 200개의 카드가 들어 있는 어항.

빅 알이 말하기를

"조, 당신은 대부분의 시사회장에서 안내책자 수집가나 네트워크 마케팅 사업 중독자 그리고 자사 홍보 차 나온 사람들을 많이 만났을 것입니다. 하지만 시사회장을 찾는 사람들 중에는 좋은 예비사업자들도 있기 마련입니다. 준비된 예비사업자들에게 다가가는데 있어서 가장 큰 문제가 무엇이라고 생각하죠?"

조가 대답했습니다.

"제가 볼 때, 가장 큰 문제는 이런 것들입니다.

① 예비사업자들을 부스 앞에 오도록 하는 것입니다.

뭔가 그들의 눈길을 끌 수 있을 만한 것이 필요해요. 시사회장에는 서로 비슷비슷한 부스들이 즐비하게 늘어서 있죠. 그래서 사람들은 어디가 어떻게 다른지 몰라 부스를 들러볼 생각도 하지 않고 그냥 지나쳐요.

② 일단 부스에 들른 사람들의 이름과 전화번호를 받는 것입니다.

이름과 전화번호를 알아내지 못하면 전 그냥 시간만 낭비한 셈이죠.

그런데 당신의 비밀 무기가 이런 문제들을 해결해 줄 수 있을까요?"

빅 알이 웃으며 말했습니다.

"일단 사람들이 오면 무슨 일이 일어나게 되는지 구경만 하세요. 자, 이제 이 포스터를 벽에 붙여놓고 사람들이 벌 떼같이 몰려오는 걸 기다립시다."

조는 빅 알을 도와 부스 입구에 포스터를 붙였습니다. 그 포스터에는 이렇게 적혀 있었습니다.

"당신의 네트워크 마케팅 사업지수를 테스트해 보세요. 우승한 분께는 상금으로 100달러를 드립니다!"

그런데 이들이 포스터 붙이는 일을 채 끝내기도 전에 두 사람이 다가와 궁금하다는 표정으로 그들을 바라보고 있었 습니다. 그 중 한 사람이 말하기를

"우리 네트워크 마케팅 사업지수 테스트를 받아보자. 둘 중에 점수가 낮은 사람이 점심을 사는 거야."

빅 알은 첫 번째 사람을 컴퓨터 앞에 앉혔습니다. 곧이어 컴퓨터는 시선을 잡아끄는 다채로운 그래픽을 선보이기 시 작했습니다. 빅 알이 설명했습니다.

"문제를 읽고 옳다고 생각하는 것을 선택하는 것입니다. 이제 20개의 질문이 나올 겁니다. 답을 고른 뒤에 엔터를 치 시면 됩니다. 그러면 컴퓨터가 자동으로 다음 문제를 제시 합니다. 테스트가 끝나면 컴퓨터가 당신의 점수와 능력에 관하여 간단한 설명을 출력해줄 것입니다."

컴퓨터 앞에 앉은 사람은 두 손을 비비면서 말했습니다.

"자, 시작하죠. 제가 이 분야에 대해 얼마나 전문가인지를 보여줄 테니까요."

몇 몇 사람들이 구경하기 위해 주위를 빙 둘러섰습니다.

빅 알의 컴퓨터에 입력된 20개의 문제는 다음과 같은 것 이었습니다.

1. 다음 중 네트워크 마케팅 사업에 가장 적합한 제품은?
   ⓐ 독창적인 제품 ⓑ 소모적인 제품 ⓒ 첨단 과학제품

2. 다음 중 일반적인 네트워크 사업자의 월평균 판매고는?
   ⓐ 60달러 ⓑ 100달러 ⓒ 150달러 이상

3. 소매판매를 가장 빠르게 신장시킬 수 있는 방법은?
   ⓐ 우편판매 ⓑ 전화 판매 ⓒ 광고

4. 예비사업자로부터 다른 사람을 소개받기에 가장 좋은 시기는?
   ⓐ 가입 서류에 사인하고 난 직후
   ⓑ 어떤 일에 성공한 직후

ⓒ 가입을 거절한 직후

5. 네트워크 마케팅을 통해 가장 많이 팔리는 제품은?

ⓐ 세제   ⓑ 비타민   ⓒ 화장품

6. 통계적으로 볼 때, 가장 성공적인 사업자를 배출해내는 직업은?

ⓐ 자영업자   ⓑ 주부   ⓒ 세일즈맨

7. 새로운 사업자를 모집할 때 가장 성공률이 높은 광고매체는?

ⓐ 신문   ⓑ 라디오   ⓒ 우편

8. 새로운 사업자의 가장 큰 관심사는?

ⓐ 제품 가격   ⓑ 리더들의 도움   ⓒ 교육과 트레이닝

9. 다음 중 사업자의 의욕을 가장 고취시킬 수 있는 보너스는?

ⓐ 자동차   ⓑ 여행   ⓒ 현금

10. 다음의 일반적인 소매판매 경쟁방식 가운데 가장 좋은 결과를 기대할 수 있는 것은?

ⓐ bucket brigade

ⓑ coupon royale

ⓒ punchcard madness

11. 다음의 방식들 가운데 결정을 내리지 못하거나 관심
이 없는 예비사업자들을 자동으로 골라서 탈락시킬 수 있는
방식은?

ⓐ 목욕탕 트릭

ⓑ 왜 그런지 이유 설명하기

ⓒ 왜 그렇지 않은지 이유 설명하기

12. 다음 중 당신의 스폰서가 훌륭한 리더인지 아닌지를
즉석에서 알 수 있는 테스트 방식은?

ⓐ 독수리 테스트 법

ⓑ 홈 오피스로 편지 보내기

ⓒ 굴 트레이닝 법

13. 사업 미팅을 하는데 이상적인 시간은?

ⓐ 30분   ⓑ 1시간   ⓒ 90분

14. 저녁 미팅을 가질 때 통상 가장 높은 출석률을 기록하
는 요일은?

ⓐ 월요일 ⓑ 화요일 ⓒ 목요일

15. 열정이 식어버린 사업자를 다시 일으키기에 가장 좋은 방법은?
ⓐ 교육과 트레이닝 ⓑ 제품 ⓒ 돈

16. 전화를 받는 다음의 방식 가운데 새로운 사업자를 확보하는 데 가장 좋은 방식은?
ⓐ 자동응답기 ⓑ 무인 안내기 ⓒ 직접 받기

17. 다음 미팅 유형 중에서 사업자들의 동기유발 상태를 가장 오래 지속시킬 수 있는 것은?
ⓐ 동기유발 미팅 ⓑ 가족 미팅 ⓒ 트레이닝 미팅

18. 네트워크 마케팅 회사를 선택하는 데 있어서 가장 중요한 요소는?
ⓐ 제품 생산라인 ⓑ 마케팅 플랜 ⓒ 경영 관리

19. 네트워크 마케팅 사업에 대하여 체계적인 교육과 트레이닝을 마치고 났을 때 신규 사업자의 일반적인 월 소득 증가율은?

ⓐ 50%   ⓑ 100%   ⓒ 150%이상

20. 네트워크 마케팅 사업에서 열심히 일하는 사업자들이 성공을 거두지 못하는 가장 큰 요인은?

ⓐ 본사의 지원 부족

ⓑ 교육받은 내용에 대한 응용력의 부족

ⓒ 소속된 회사의 대외 이미지

첫 번째 대상자가 20번째 문제의 답을 입력하자마자 프린터는 즉시 다음과 같은 내용을 출력하기 시작했습니다.

■당신의 정답률 : 45%

■당신의 현재 네트워크 마케팅 사업 능력은 모든
  사업자들 가운데 밑에서부터 33%에 위치하고
  있습니다.

■더 많은 트레이닝과 교육이 필요하다고 생각됩니다.

■네트워크 마케팅 사업에서의 향후 전망 : 도움을
  받지 않으면 성공하기 어려움.

■네트워크 마케팅 사업에 대한 이해도 : 부족함.

■전문적인 스폰서에 대한 필요도 : 시급함.

이것을 지켜본 사람들은 모두들 큰 소리로 웃어댔습니다.

이번에는 그 사람의 친구가 자리에 앉았습니다. 나머지 사람들은 자신의 순서를 기다리기 위해 줄을 섰습니다. 사람들은 저마다 자신의 수준이 어느 정도인지 알고 싶어서 조바심을 내고 있었습니다. 그리고 사람들이 모여 웅성거리자 더 많은 사람들이 호기심으로 모여들었다.

그때, 조가 빅 알에게 속삭였습니다.

"당신의 말뜻을 이제야 알겠어요. 이것으로 사람들이 제 부스에 관심을 기울이게 만드는 첫 번째 문제는 해결된 셈이로군요. 이렇게 많은 사람들이 모여들다니, 정말 굉장해요!

사람들은 자신의 네트워크 마케팅 사업지수를 알고 싶어서 안달이 났어요. 이제 사람들 눈에 띄려고 통로 가운데로 나가서 서성거릴 필요도 없어요. 정말 멋져요! 우리가 확실히 다른 부스 주인들보다 뛰어난 전략을 구사했어요. 비슷한 방식으로 선전하는 다른 부스들보다 우리 부스에 모여든 사람들이 월등히 많아요."

첫 번째로 테스트를 받았던 사람이 빅 알에게 다가와 말했습니다.

"이 테스트는 정말 재미있군요. 제가 이 질문들의 답을 알 수 있을까요? 당신들은 네트워크 마케팅 사업에 대해 꽤 많이 알고 계신 것 같군요. 저는 당신이 몸담고 있는 회사나 그룹의 시스템에 대해 알고 싶어요. 이 테스트에는 제가 들어보지 못한 이름들이 많이 나왔어요. 저하고 잠시 앉아서 이야기를 좀 할 수 있을까요?"

빅 알은 오늘 일정이 끝나는 오후 6시까지는 바빠서 그럴 수 없다고 대답했습니다. 하지만 그는 시사회가 끝나고 식사를 함께 하면 어떻겠냐는 제안을 했습니다. 그 말을 들은 상대방은 기뻐하며 말했습니다.

"그 땐 답을 알려주시는 거죠?"

빅 알이 말했습니다.

"우리는 이 테스트 말고도 다른 여러 가지 테스트용 문제들을 가지고 있습니다. 이 카드에 이름과 주소, 전화번호를 적어주시겠습니까. 그러면 복사를 해서 한 부 보내드리죠. 그리고 당신이 보면 재미있어 할만한 다른 자료들도 보내드리겠습니다. 그리고 오늘 당신이 가장 높은 점수를 맞은 것으로 확인되면 상금으로 100달러 상당의 상품을 받게 됩니다. 카드 뒷면에 당신의 점수를 적으세요."

그는 빅 알에게 고맙다는 인사를 했습니다.

"그럼 저녁에 뵙겠습니다."

빅 알이 첫 번째 카드를 어항에 집어넣자 조는 미소를 지었습니다. 바로 두 번째 문제(어떻게 예비사업자의 이름과 전화번호를 확보할 것인가?)가 해결된 것입니다.

빅 알과 조는 점심 먹을 시간조차 낼 수 없었습니다. 네트워크 마케팅 사업지수에 대한 사람들의 반응은 가히 폭발적이었습니다. 그리고 조와 빅 알은 그들의 저녁 시간을 2대1 미팅 약속으로 채워나가고 있었습니다.

그 날 저녁에 만난 사람들은 한 사람도 빠짐없이 이들을 스폰서로 받아들였습니다. 그것은 정말로 쉬운 일이었습니다. 사람들은 네트워크 마케팅 사업에 관해 모든 것을 알고 있는 것처럼 보이는 두 전문가를 존경의 눈길로 바라보았던 것입니다.

게다가 빅 알은 자신의 층계요법을 충분히 활용했습니다. 모든 예비사업자들은 다음 예비사업자들이 자신들의 밑에 놓인다는 것을 알고 있었기 때문에 앞 다퉈 가입신청서에 서명하려 달려들었던 것입니다. 이 놀라운 장면은 조의 용기를 되살려주었습니다. 조는 폭발적으로 사람을 모으는 장면을 지켜보고 있었던 것입니다.

마지막 2대1 미팅을 끝내고 빅 알은 성공할 수 있었던 몇 가지 요인들을 분석해 주었습니다.

① 자신이 살고 있는 지역이기 때문에 비용을 줄일 수 있었다. 부스 임대료에다 여행 경비와 숙박비까지 지불한다는 것은 너무 큰 부담을 준다. 만만치 않은 경비는 자칫

사업 자체를 위태롭게 할 수도 있다.

② 그 지역 시사회에 참석하는 사람들은 대부분 그 지역 사람들이다. 이것은 새로운 사업자들과 활동을 시작할 때 상당한 경비를 줄일 수 있음을 뜻한다.

③ 경쟁의 요소가 가미된 테스트가 사람들을 참여 시켰다.

④ 프린트로 출력하는 데 드는 비용은 고작 종이 한두 장 값이다. 이것은 별 관심도 없는 사람들에게 안내책자를 나눠주는 것보다 훨씬 저렴한 비용이다.

⑤ 테스트에 걸린 상품과 열기가 사람들을 끌어 모았다. 군중은 항상 더 큰 군중을 끌어 모으기 마련이다.

⑥ 나중에 최고 점수로 확인되면 상을 주겠다고 함으로써 이름과 전화번호와 주소를 손쉽게 얻을 수 있다.

⑦ 네트워크 마케팅 사업지수 테스트는 이 사업의 전문가라는 인상을 강하게 심어줌으로써 다른 부스들과 차별화를 가져온다. 참가자들은 그 질문들에 대한 해답을 알고 싶어 하며 동시에 전문가와 함께 이야기하고 싶어 한다. 이쯤 되면 2대1 미팅을 갖는 것은 식은 죽 먹기가 된다.

⑧ 증계요법을 사용함으로써 예비사업자들로부터 즉시 서명을 받아낼 수 있다. 많은 시간이 걸리지 않을까 하고

걱정할 필요도 없다. 정말 괜찮은 시사회에 참가한다면 당장에 50단계까지 네트워크 망을 구축할 수도 있다.

이틀 동안 열리는 시사회의 첫 날은 그렇게 끝이 났고, 빅 알은 두 번째 날의 행사를 자신의 1단계 사업자인 조에게 위임하였습니다. 그리고 조는 뭐든 빨리 배우는 사람이었기 때문에 빅 알은 그를 도와주러 함께 나갈 필요가 없었습니다. 지금 조는 그의 사업자 가운데 한 명에게 시사회장에서 사람을 모을 수 있는 훌륭한 기술을 전수하고 있습니다.

테스트 해답

1. 다음 중 네트워크 마케팅 사업에 가장 적합한 제품은?
ⓑ

독창적인 제품이나 첨단 과학제품은 고도의 판매기술이 요구됩니다. 사람들 중의 95%가 판매기술이 없다면, 당신의 사업은 빛을 보기 어려울 것입니다. 하지만 다행히도 물건을 팔지 못하는 사람들도 소비는 합니다. 어쨌든 당신의 보너스는 판매되는 제품의 양에 따라 달라지는 것입니다.

2. 다음 중 일반적인 네트워크 사업자의 월평균 판매고는?
ⓐ

평균수입이 더 높았으면 하는 것은 모든 사람들(회사, 스폰서, 사업자)이 바라는 것입니다.

3. 소매판매를 가장 빠르게 신장시킬 수 있는 방법은?

ⓒ

세 가지 방법 모두 효과가 있습니다. 하지만 직접 우편물을 보내는 것은 상당한 요령이 필요할뿐더러 비용도 만만치 않습니다. 그리고 전화판매는 퇴짜맞는데 웬만큼 길들여지지 않고는 하기가 어렵습니다.

4. 예비사업자로부터 다른 사람을 소개받기에 가장 좋은 시기는?

ⓑ

사람을 소개받을 수만 있다면 그것은 어느 때라도 괜찮습니다. 하지만 뭔가를 이뤄냈다는 성취감으로 기분이 고양되어 있을 때가 가장 쉽습니다.

5. 네트워크 마케팅을 통해 가장 많이 팔리는 제품은?

ⓑ

비타민이나 식품에 관계된 프로그램에 가입하면 한 달에 손쉽게 50달러는 벌 수 있습니다. 물론 세제류나 화장품도 네트워크 마케팅 사업의 주된 대상이죠.

6. 통계적으로 볼 때, 가장 성공적인 사업자를 배출해내는 직업은?

ⓑ

이 사업에서 주부들은 남다른 자질을 발휘합니다.

7. 새로운 사업자를 모집할 때 가장 성공률이 높은 광고매체는?

ⓒ

신문이나 라디오에 낸 광고는 많은 사람들에게 전달되지만 불행하게도 이들 가운데 부업에 관심을 갖는 사람은 그다지 많지 않습니다. 우편을 통한 광고는 자신이 타깃으로 삼은 사람들에게 집중적인 광고 효과를 나타냅니다.

8. 새로운 사업자의 가장 큰 관심사는?

ⓒ

유익한 교육과 트레이닝은 사업자의 자신감을 키워줍니다. 제품 가격이 아무리 유리하게 책정될지라도 혹은 제 아무리 많은 리더의 도움을 얻을 수 있다고 해도 사업자 자신이 시도해 볼만한 자격을 갖추고 있지 못하다고 느낀다면 아무 일도 일어나지 않습니다.

9. 다음 중 사업자의 의욕을 가장 고취시킬 수 있는 보너스는?

ⓐ

현금은 빨리 써버리고 쉽게 잊어버립니다. 여행은 그 효과가 다소 지속되지만 그것도 며칠뿐입니다. 자동차는 날

마다 이용하는 것이기 때문에, 보다 오랫동안 네트워크
마케팅 회사의 고마움을 일깨워줍니다.

10. 다음의 일반적인 소매판매 경쟁방식 가운데 가장 좋
은 결과를 기대할 수 있는 것은?

ⓓ

이봐요, 예비사업자가 문제를 다 맞춰버리면 그 사람은
우리와 대화할 필요를 느끼지 못하지 않을까요? 물론 이
건 공정하지 못하지만 이건 어디까지나 전쟁이라고요.

11. 다음의 방식들 가운데 결정을 내리지 못하거나 관심
이 없는 예비사업자들을 자동으로 골라서 탈락시킬 수 있는
방식은?

ⓐ

이 기술은 2대1 사업설명에서만 효과적입니다. '왜 그
런지' 혹은 '왜 아닌지' 하는 설명법은 논리적이죠. 그런
데 논리적인 것은 그다지 환영받지 못합니다. 오직 감정
과 신뢰만이 환영을 받습니다.

12. 다음 중 당신의 스폰서가 훌륭한 리더인지 아닌지를
즉석에서 알 수 있는 테스트 방식은?

ⓐ

이것은 대단히 쉽습니다. 홈 오피스에서 보낸 편지를 받고 일할 의욕이 새로 생겨났다는 사람을 본 적이 있나요? 만약 당신이 스폰서의 자질을 판단하기 위해 몇 주 동안 편지를 기다린다면 당신은 너무 오래 기다린 것입니다. 세 번째 방법은 새로운 사업자의 능력을 판단하는데 사용됩니다.

13. 사업 미팅을 하는데 이상적인 시간은?

ⓐ

긴 사업미팅을 좋아하는 사람은 앞에 나와 떠드는 사람 밖에 없습니다. 우리가 바라는 것은 사업미팅을 짧게 하고 예비사업자들을 후원하며 그들의 질문에 대답하는 시간을 보다 많이 갖는 것입니다.

14. 저녁 미팅을 가질 때 통상 가장 높은 출석률을 기록하는 요일은?

ⓑ

월요일 저녁에는 축구경기가 있고 목요일은 거의 주말에 가깝죠. 당신도 틀림없이 예비사업자의 '자유시간'을 방해하고 싶지는 않을 것입니다.

15. 열정이 식어버린 사업자를 다시 일으키기에 가장 좋

은 방법은?

ⓐ

새로운 기술이나 방법을 교육시킴으로써 다시금 활동력을 되찾아줄 수 있습니다.

16. 전화를 받는 다음의 방식 가운데 새로운 사업자를 확보하는 데 가장 좋은 방식은?

ⓐ

직접 전화를 받아서 대답을 해줄 수도 있지만 많은 예비사업자들은 광고를 고르면서 항상 자신이 거기에 가입하지 않아도 좋은 이유를 찾기에 급급합니다.

만약 그들이 당신의 사업을 깎아 내리는 질문을 할 수 없다면 그들은 당신과 직접 이야기하기 전까지는 당신의 사업을 섣불리 판단하지 않을 것입니다. 그러면 당신은 최소한 그들의 전화번호를 알아낼 수 있고 또한 그들과의 대화에서 주도권을 잡을 수 있게 됩니다.

17. 다음 미팅 유형 중에서 사업자들의 동기유발 상태를 가장 오래 지속시킬 수 있는 것은?

ⓑ

동기유발 미팅은 고작 하루나 이틀 정도 밖에는 그 효과가 지속되지 않습니다. 그리고 트레이닝 미팅에 간다는 것은 마치 학교에 가는 기분일 것입니다. 하지만 가족 미팅은 사업자들 사이에 단순한 사업상의 관계 이상의 결속력을 가져다줍니다.

18. 네트워크 마케팅 회사를 선택하는 데 있어서 가장 중요한 요소는?
ⓒ
경영상태가 좋을 때는 언제나 새로운 제품 생산이나 마케팅 방식의 다변화가 이루어지지만 역으로 마케팅 계획이나 제품 생산라인 같은 것이 훌륭한 경영을 이끌어내지는 못합니다.

19. 네트워크 마케팅 사업에 대하여 체계적인 교육과 트레이닝을 마치고 났을 때 신규 사업자의 일반적인 월 소득 증가율은?
ⓒ
사실 신규 사업자들은 거의 보너스를 받지 못합니다. 따라서 이들의 수입증가는 보통 순수한 판매수당의 증가분입니다.

20. 네트워크 마케팅 사업에서 열심히 일하는 사업자들이 성공을 거두지 못하는 가장 큰 요인은?

ⓑ

일은 열심히 하지만 돈은 벌지 못하는 사업자들은 사업을 적절하게 운영하지 못하기 때문입니다. 따라서 힘든 과정의 반복을 통해 그들의 잘못을 바로잡으려 하기보다는 입증된 새로운 방법을 가르침으로써 수입을 늘려나가도록 하는 것이 좋습니다.

T.I.P.공식

사람들은 대부분 연설자를 소개하는 일을 맡고 싶어 하지 않습니다. 왜냐하면 간결하면서도 정확하게 그리고 전문성을 살려 소개해야 하기 때문입니다. 하지만 그렇게 소개한다는 것은 대단히 어려운 일입니다.

그러나 당신이 공식을 알고 있다면 이야기는 달라집니다.

당신이 연설자의 소개를 엉망으로 해버리면 어떤 일이 일어날까요? 그는 아마도 어떻게든 청중들의 호감을 끌어보기 위해 별의별 짓을 다해야 할 것입니다.

그러면 나쁜 소개 사례를 살펴보고 이것이 사업자들과 예비사업자들의 인식에 어떤 영향을 미치는지 생각해 봅시다.

"신사 숙녀 여러분, 오늘 저녁 이렇게 많은 분들이 참석해주신데 대해 감사의 말씀을 드립니다. 물론 숫자로만 본다면 결코 많다고 할 수 없지만, 이 자리에 없는 대부분의 사람들은 집에서 축구중계나 보고 있을 것입니다. 제 이름은 존 보링입니다. 현재 AB사의 사업자로 일하고 있죠. 저는 약 3개월쯤 전에 이 일을 시작했고 지금은 제 아내도 이 일에 동참하고 있습니다. 하지만 제 아내는 아이가 감기에 걸려 오늘 이 자리에 참석하지 못했습니다. 아마 다음 주쯤에는 참석할 수 있을 것입니다. 요새 독감이 아주 극성이거든요. 어쩌면 이 자리에 참석하지 않은 사람들도 독감 때문에 참석하지 못한 것인지도 모르겠군요. 이제 시작할 시간이 되었지만 우린 대체로 정시에 시작하지는 않죠. 늘 몇 사람이 더 나타날 때까지 기다리곤 합니다. 하지만 이제는 슬슬 시작해야겠군요. 오늘 나와서 말씀하실 분이 얼마나 오래 말씀하실지는 모르겠지만 아마 조금 늦게 끝나게 될 것 같습니다. 오늘의 연설자는 제가 아니니까 이제 오늘의 연설자를 소개해야죠? 아참, 저 뒤편에 다과가 마련되어 있으니 미팅이 끝난 뒤에 드시고 가시기 바랍니다.

오늘 밤, 우리는 AB사의 대표이사로 계시는 빅 타임 씨를 모시려고 했습니다만, 사업상의 바쁜 스케줄 때문에 그러지 못하고 그 대신 부사장으로 계시는 얼머스트 빅 씨를 모시려고 했는데 그 분이 거절을 하셔서 이 자리에 모시지 못했습니다. 그래서 오늘의 연설은 제 스폰서이신 짐 굿 하트 씨에게 돌아갔습니다. 짐이 대단한 달변가라는 사실은 모두들 알고 계시죠. 하지만 오늘 저녁 짐이 여기에 참석하지 않은 관계로 오늘 연설은 샘 노바디 씨께서 해주시겠습니다. 이

제 연설을 듣겠습니다. 자, 샘 시작하시죠."

불쌍한 샘 노바디는 어색하게 쭈뼛거리며 앞으로 나섰고 사람들은 그 누구도 그에게 신뢰감도 존경심도 박수도 보내지 않았습니다. 청중들은 그가 대타로 나왔다는 사실에 실망하였고 또한 그것을 노골적으로 드러냈습니다. 즉, 청중들은 하품이나 헛기침을 하고 심지어 연설이 진행되는 동안에도 다른 사람들과 잡담을 나누었던 것입니다.

물론 이 사태에 대해 전적으로 샘을 소개한 존에게 잘못이 있다고 말할 수는 없습니다. 샘은 존에게 자신을 어떻게 소개해 주었으면 하는지 개략적인 설명을 미리 해서 준비를 시켰어야 했습니다. 그리고 존은 미리 설명을 듣지 않았더라도 완벽한 소개방법인 **T.I.P.공식**을 사용했어야 했습니다. 그렇다면 **T.I.P.공식**이란 무엇인가?

T는 주제(topic)를 의미합니다. 먼저 그 날 미팅의 토론 사항에 대해 개략적으로 설명을 합니다.

I는 중요성(importance)을 의미합니다. 왜 그 주제가 청중들에게 중요한 의미를 갖는지를 설명해 줍니다.

P는 인물(person)을 의미합니다. 그 날 연설할 사람의 특징적인 이력을 짧게 설명합니다.

T.I.P.공식을 적용하는 것은 매우 쉬운 일입니다. 그러면 이 공식을 샘 노바디에게 적용시켜 봅시다.

"신사 숙녀 여러분, 오늘 밤 우리는 어떻게 하면 위험 부담이 없는 자기사업을 가질 수 있을 것인가에 대해 약 40분 정도의 강연을 듣겠습니다.(주제)

저는 여기 계신 모든 분들이 부업을 통해 추가소득을 올림으로써 생활의 질을 개선하고 미래를 보장받는 일에 많은 관심을 가지고 있을 것이라고 확신합니다.(중요성)

오늘 우리는 자기사업을 통해 이런 문제들을 성공적으로 해결하고 계신 한 분을 이 자리에 모실 수 있게 된 것을 매우 다행스러운 일로 생각합니다. 이 분은 지난 3년 간 많은 사람들이 자기사업을 시작할 수 있도록 도와준 경험을 가지고 있습니다. 자 그러면 이제 샘 노바디 씨를 소개하겠습니다! (인물)"

이 공식을 적용하는 일은 조금도 어렵지 않습니다. 그리고 T.I.P.공식은 강연자에게 청중들의 신뢰를 등에 업고 출발할 수 있도록 만들어 줍니다. 결국 우리가 원하는 것은 청중들이 연사를 좋아하고 신뢰가 가게끔 하는 것이 아니겠습니까?

T.I.P.공식을 이용한다면 지루하고 때로 청중들의 청취의욕을 말살시키는 비참한 소개를 피할 수 있을 것입니다.

다운라인과의 파트너 십

네트워크 마케팅 사업에서 성공할 수 있는 가장 중요한 핵심은 사업자를 컨택하는 것일까요? 단지 많은 사업자들을 후원하기만 하면 되는 것일까요? 만약 리더로서 컨택하는 데에만 시간을 100% 투자한다면 어떻게 될까요?

새로운 사업자를 확보하는 일에만 총력을 기울이는 것은 곧 자신이 쌓아올리고자 하는 네트워크를 와해시키는 결과를 가져옵니다. 그럼에도 불구하고 수많은 리더들이 뒤가 허물어지는 줄도 모르고 앞으로만 쌓아가려 합니다.

실제로 리더가 새로운 사업자를 컨택하러 다니는 동안 변변한 교육과 트레이닝도 받지 못한 기존의 사업자들은 하나 둘 프로그램에서 떨어져나가게 됩니다.

네트워크 마케팅 사업에서의 성공 핵심은 더 많은 사업자를 확보하는 데 있는 것이 아니라, 현재의 사업자들을 잘 관리하는 데 있습니다.

다운라인을 활동적으로 유지시키기 위한 세 가지 단계는 다음과 같습니다.

▶ 1단계 : 돈

대부분의 사업자들은 자신들의 재정상태를 개선시키기 위해 이 사업에 뛰어듭니다. 그리고 가슴 뛰게 만드는 사업 설명들은 이들의 욕망을 자극하고 경제적 안정과 새로운 인생이라는 장밋빛 미래를 약속해 줍니다.

그런데 이제 막 이 사업에 뛰어든 신규 사업자가 첫 두 달 만에 슈퍼스타가 되어 수천 달러의 추가소득을 얻을 수 있는 가능성은 얼마나 될까요? 아마 면도날 두께의 반만큼도 안 될 것입니다.

다른 모든 직업에서와 마찬가지로 네트워크 마케팅 사업에서도 교육과 트레이닝 그리고 사업 내용에 대한 튼튼한 기초를 쌓는 것이 먼저 이루어지고 난 후에 부가 찾아오는 것입니다.

사업을 시작하고 난 뒤, 30일에서 90일 정도가 지나면 당신의 신규 사업자는 이제 공짜로 점심식사를 제공해주는 곳은 없다는 것을 깨닫게 될 것입니다.

큰 금액의 보너스를 가져다주는 것은 큰 규모의 제품의 소비에서 나오는 것이지 사업미팅에서의 흥분된 약속에서 나오는 것이 아닙니다.

네트워크 마케팅 사업의 리더가 30일에서 90일이 지난 뒤에도 자신의 신규 사업자를 2단계로 이끌지 못하면 이들 가운데 대부분을 잃게 될 것입니다.

▶ 2단계 : 제품

대부분의 사업자들은 많은 보너스를 받지 못하기 때문에 보너스만 가지고는 사업자들로 하여금 이 사업에 충실하도록 할 수는 없습니다.

진정한 리더는 자사 제품에 대한 확신을 통해, 벼락부자가 될 수 있다는 환상이 깨져버린 다음에도 사업자들로 하여금 오랫동안 활동적으로 움직일 수 있도록 조절할 줄 아는 사람입니다.

이것은 다음과 같은 질문을 불러일으킵니다.

"어떻게 사업자들로 하여금 제품에 대한 확신을 갖도록 만들 것인가?"

그들은 회사를 통해 확신을 얻는 것이 아니라, 자신들의 리더를 통해 얻게 됩니다. 만약 사업자를 후원하고 동기를 부여하고 교육시키는 것은 오로지 회사의 책임이라고 생각한다면 그 리더는 실패하고 말 것입니다. 회사가 그 모든 일을 하게 된다면 왜 사업자가 필요하다는 말입니까?

모든 사람들이 그런 것은 아니지만 대부분의 리더들은 회사의 생산라인과 관련하여 자신들의 사업자들을 트레이닝

시키고 자극하기 위해 다음의 방법을 사용합니다.

> ⓐ 카세트테이프를 통한 제품 홍보
> ⓑ 우편 홍보지를 통한 제품 홍보
> ⓒ 사업미팅에서 실제 사용 체험 나누기
> ⓓ 제품에 관련된 각종 경쟁과 교육

▶ 3단계 : 리더십

사업자들을 결속시키는 최후의 그리고 가장 강력한 방법은 리더로서 개개인의 정신적인 어려움을 인정하는 것입니다. 대부분의 보통 사람들은 자신의 가치를 인정받거나 주목받지 못한 채 인생을 살아갑니다.

따라서 우리는 리더로서 사업자의 마음속에 내재해있는 이러한 빈 공간들을 채워줌으로써 그들에게 변함없는 신뢰감을 얻을 수 있습니다. 그럼에도 불구하고 너무나 많은 아마추어 리더들이 오직 자기가 바라는 것만을 좇아 행동합니다. 그들은 자기의 그룹에 속해있는 사업자들의 필요나 요구사항 따위는 안중에도 없이 행동하는 것입니다. 그러나 만약 리더가 조금이라도 이기적이라고 판단될 때, 사업자들은 그 사람을 떠나 다른 곳으로 가버릴 것입니다. 따라서 현명한 리더라면 다음과 같이 행동해야 합니다.

@ 자신의 다운라인 사업자의 개인적인 문제에
관심을 갖는다
ⓑ 사업자를 개인적으로 인정해 준다.
ⓒ 그들이 자신들의 개인적인 목표에 도달할 수
있도록 돕는다.

이러한 방법을 통해 리더는 자신의 다운라인으로부터 활
동성과 신뢰를 얻어낼 수 있습니다.

지금까지 말한 세 단계는 리더들로 하여금 튼튼하고 효율
적이며 생산적인 네트워크를 건설하고 유지하는데 도움을
줄 것입니다.

독 자 카 드 / 우 편 엽 서

받는 사람

경기도 하남시 감북동 344-10번지

아름다운사회 도서출판

전화(02)488-4638 팩스(02)488-4639

e-mail/sq2000@naver.com www.bizbooks.co.kr

4 6 5 - 1 8 0

보내는 사람 :

□□□ - □□

점선을 따라 오려주세요